A você, que vai entrar agora nesta linda e reveladora psicografia, desejo muita luz, paz, amor e felicidade. Que as linhas por mim escritas lhe ajudem em sua jornada evolutiva.

São meus sinceros votos,

GUARDIÃO

EXU

OSMAR BARBOSA

pelo Espírito LUCAS

O autor cedeu os direitos autorais deste livro ao
Hospital Espiritual Amor e Caridade.
Rua São Sebastião, 162 - Itaipu - Niterói - Rio de Janeiro.
www.hospitalamorecaridade.org

GUARDIÃO EXU

Book Espírita Editora
1ª Edição
| Rio de Janeiro | 2022 |

OSMAR BARBOSA

pelo Espírito LUCAS

BOOK ESPÍRITA EDITORA

Capa
Marco Mancen

Projeto Gráfico e Diagramação
Marco Mancen / Andressa Andrade

Imagens capa e miolo
Depositphotos e Pixabay

Revisão
Camila Coutinho

Marketing e Comercial
Michelle Santos

Pedidos de Livros e Contato Editorial
comercial@bookespirita.com.br

Copyright © 2022 by
BOOK ESPÍRITA EDITORA
Região Oceânica, Niterói,
Rio de Janeiro.

1ª edição
Prefixo Editorial: 991053
Impresso no Brasil

Dados Internacionais de Catalogação na Publicação (CIP)
(Câmara Brasileira do Livro, SP, Brasil)

Barbosa, Osmar
   Guardião Exu / Osmar Barbosa. -- 1. ed. -- Niterói, RJ :
Ed. do Autor, 2021.

   ISBN 978-65-89628-19-4

   1. Entidades espirituais 2. Espiritualidade 3. Exu
4. Exu (Orixá) I. Título.

21-95560   CDD-299.67

Índices para catálogo sistemático:

1. Exu : Divindade africana : Teologia de Umbanda :
Religiões de origem africanas   299.67

Eliete Marques da Silva - Bibliotecária - CRB-8/9380

Todos os direitos reservados e protegidos pela Lei 9.610, de 19/02/1998. Nenhuma parte deste livro pode ser reproduzida ou transmitida por quaisquer formas ou meios eletrônicos ou mecânicos, incluindo fotocópia, gravação, digitação, entre outros, sem permissão expressa, por escrito, dos editores.

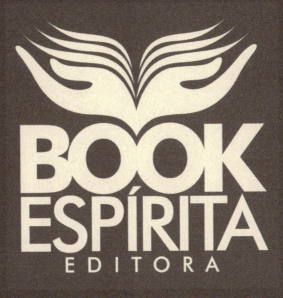

Outros livros psicografados por Osmar Barbosa

Cinco Dias no Umbral

Gitano – As Vidas do Cigano Rodrigo

O Guardião da Luz

Orai & Vigiai

Colônia Espiritual Amor e Caridade

Ondas da Vida

Antes que a Morte nos Separe

Além do Ser – A História de um Suicida

A Batalha dos Iluminados

Joana D'Arc – O Amor Venceu

Eu Sou Exu

500 Almas

Cinco Dias no Umbral – O Resgate

Entre nossas Vidas

O Amanhã nos Pertence

O Lado Azul da Vida

Mãe, Voltei!

Depois

O Lado Oculto da Vida

Entrevista com Espíritos – Os Bastidores do Centro Espírita

Colônia Espiritual Amor e Caridade – Dias de Luz

O Médico de Deus

Amigo Fiel

Impuros – A Legião de Exus

Vinde à Mim

Autismo – A escolha de Nicolas

Umbanda para Iniciantes

Parafraseando Chico Xavier

Cinco Dias no Umbral – O Perdão

Acordei no Umbral

A Rosa do Cairo

Deixe-me Nascer

Obssessor

Regeneração – Uma Nova Era

Deametria – Hospital Espiritual Amor e Caridade

A Vida depois da Morte

Deametria – A Desobsessão Modernizada

O Suicídio de Ana

Cinco Dias no Umbral – O Limite

Conheça um pouco mais de Osmar Barbosa:
www.osmarbarbosa.com.br

Agradecimentos

Agradeço, primeiramente, a Deus, por ter me concedido esse verdadeiro privilégio de servir humildemente como um mero instrumento dos planos superiores.

A Jesus Cristo, espírito modelo, por guiar, conduzir e inspirar meus passos nessa desafiadora jornada terrena.

A Lucas, e aos demais espíritos ao lado dos quais tive a honra e o privilégio de passar alguns dias psicografando este livro. Agradeço também, pela oportunidade, e por permitirem que essas humildes palavras, registradas nesta obra, ajudem as pessoas a refletirem sobre suas atitudes, evoluindo.

A minha família pela cumplicidade, compreensão e dedicação. Sem vocês ao meu lado, me dando todo tipo de suporte, nada disso seria possível.

E a você, leitor amigo, que comprou este livro, e com a sua colaboração nos ajudará a levar a Doutrina Espírita e todos os seus benefícios e ensinamentos para mais e mais pessoas.

Obrigado!

A todos, os meus mais sinceros agradecimentos.

Osmar Barbosa

Conheça um pouco mais de Osmar Barbosa:
www.osmarbarbosa.com.br

Sumário

19 | PREFÁCIO

35 | A REVELAÇÃO

49 | A ESPERA

69 | ANIMISMO

89 | O REENCONTRO

105 | REINO DAS ENCRUZILHADAS

131 | REINO DOS CRUZEIROS

147 | REINO DAS MATAS

157 | REINO DO CEMITÉRIO

175 | REINO DAS ALMAS

197 | REINO DA LIRA

211 | REINO DA PRAIA

> "O mal é a inexistência do bem."
>
> *Lucas*

Prefácio

Era uma manhã ensolarada. Enquanto eu fazia minha caminhada diária, fui surpreendido pela presença de Lucas.

Não costumo me assustar com a aparição de espíritos, pois desde muito pequeno convivo com a presença deles. Tudo começou em minha tenra infância, quando eu tinha apenas 7 anos de idade. Foi um período muito difícil tanto para mim como para a minha querida mãe, até nos adaptarmos à companhia dos espíritos.

Naquele dia, eu tinha saído cedo de casa para caminhar na praia, pois temos que cuidar da saúde. Normalmente, eu faço minhas caminhadas matinais ao lado da minha querida Michelle, mas, naquela manhã, eu estava sozinho, pois ela tinha compromissos de trabalho e saiu cedo para o nosso Instituto, no qual são realizados atendimentos com terapias variadas.

Eu moro muito próximo à praia de Charitas. É um lugar muito bonito, com muito verde e uma praia calma e extremamente bela localizada na cidade de Niterói, no Rio de Janeiro. Havia algumas pessoas que, assim como eu, também caminhavam àquela manhã. Foi quando eu notei que vinham dois espíritos em minha direção, e como eu disse, não me assusto mais com a presença deles.

Reparei que um desses espíritos estava vestido com uma roupa branca, e o outro vestia uma roupa toda preta, a qual lhe cobria todo o corpo, parecia ser um traje antigo, algo medieval. Faltando poucos metros para o nosso encontro, eu reconheci o que estava de branco, e logo me alegrei, pois era o Lucas.

Mas, o que o Lucas estaria fazendo ali àquela hora?

Quem seria aquele estranho espírito que caminhava ao lado dele?

Preparei-me para o encontro.

Foi quando o espírito que o acompanhava atravessou rapidamente a rua em meio aos carros, os quais passavam velozmente, e dirigiu-se a um pequeno cemitério localizado na orla da praia.

Acompanhei o desconhecido com os olhos, e pude ver claramente quando ele entrou no cemitério. Confesso que aquilo me assustou. Como é possível um espírito na companhia do Lucas entrar em um cemitério? Eu nunca imaginei que o Lucas pudesse estar acompanhado por tais espíritos.

Lucas é um amigo antigo e, normalmente, o encontro na Colônia Espiritual Amor e Caridade. Algumas vezes, já o encontrei também no Umbral, mas encontrá-lo com um estranho, ainda mais entrando diretamente em um cemitério... foi novidade para mim. "Meu Deus! Quem seria aquele espírito? Por que estaria caminhando ao lado de Lucas?" – pensei.

Bem, como o Lucas estava se aproximando, não dei tanta importância àquela estranha aparição. Já me acostumei a esperar que os espíritos revelem a mim tudo aquilo que é mostrado, pois se mostram e revelam para mim, é porque há muitas coisas pelas quais eu preciso escrever, coisas pelas quais todos nós precisamos saber.

Pensei em apertar o passo para apressar o nosso encontro, mas achei melhor caminhar normalmente. Nós, médiuns, já somos tachados como loucos, imagina se eu começasse a correr no calçadão da praia para me encontrar com alguém que fosse invisível para os demais, que ninguém pudesse ver? Embora, seja comum correr no calçadão da praia, eu resolvi desistir da ideia.

Naquele momento, eu pude observar que o Lucas caminhava olhando para tudo ao seu redor, e o detalhe é que a praia estava lotada, como sempre acontece nos dias ensolarados da minha cidade. Em seguida, nos encontramos, e eu fui logo perguntando o que ele fazia ali, naquela manhã tão bonita...

– Bom dia, Osmar!

– Bom dia, Lucas! O que você está fazendo aqui? Desculpe, mas é que você nunca fez isso. Eu não esperava te encontrar por aqui a essa hora.

GUARDIÃO EXU

– Estou caminhando na praia, como você pode ver.

– Não acredito que vocês também caminham na praia!

– Não temos esse direito?

– Perdoe-me, Lucas, mas não costumo ver espíritos caminhando na praia, aliás, eu nunca vi espíritos por aqui. Minto, uma vez eu vi uma Pombagira bem pertinho da areia da praia, mas não olhei muito para ela.

– É que eu estou fazendo companhia a um grande amigo. Aquele que você viu ao meu lado.

– Eu vi. Ele entrou no cemitério, foi isso mesmo?

– Sim, ele está trabalhando. Na verdade, esse é um dos locais de trabalho dele.

– O que ele foi fazer no cemitério?

– Certamente, ele foi auxiliar alguém que precisa muito dele.

– No cemitério?

– Sim, e por que não? Não pode?

– Não, não é isso. Eu até entendo, só acho estranho um espírito vir da vida espiritual a essa hora da manhã, em um dia tão bonito como esse, para auxiliar um espírito que esteja dentro de um cemitério... o que eu sei é que são poucos os espíritos que permanecem nos cemitérios após a morte.

– Infelizmente, Osmar, nos dias atuais, é muito comum encontrarmos por irmãos infelizes que permanecem ao lado do corpo na esperança de renascerem, assim como ensinam algumas religiões.

– Mas, o corpo apodrece, Lucas!

– Sim, mas eles ainda têm a falsa esperança de que alguém virá para ressuscitá-los.

– Meu Deus! Deve ser um tormento ver o seu próprio corpo apodrecer, ser comido por vermes e não poder fazer nada.

– É por isso que o meu amigo foi até lá.

– Qual é o nome dele, Lucas?

– Você quer conhecê-lo?

– Se for possível, eu gostaria de entender melhor o que ele faz.

– Ele é um amigo muito querido, um espírito milenar que está há muitos séculos trabalhando no amparo e no resgate de muitas almas em regiões de sofrimento.

– Eu pude ver que ele usa uma roupa bem estranha, como pode alguém andar todo de preto nesse Sol?

– Ele gosta de andar assim, e a roupa não designa a grandeza do espírito e, muito menos, o lugar em que ele se encontra na vida espiritual. Somos livres em todos os lugares, Osmar.

– Que bom que é assim, Lucas.

– É bem legal viver como vivemos, podes ter certeza disso, meu amigo.

– Eu não vejo a hora de estar ao lado de vocês e de poder ajudar, além, é claro, de conhecer tudo o que há na vida plena.

– Há muita coisa pela qual você irá se surpreender quando chegar aqui, mas não tenha pressa, termine a tarefa que veio cumprir.

– Imagino que tenham muitas coisas legais na vida espiritual. Eu já estive em vários lugares com vocês e, realmente, tudo o que há na vida eterna é surpreendente. Até quando vou ao Umbral com você ou com a Nina, por exemplo, sempre me surpreendo com tudo o que vejo, e confesso que não tenho nenhuma intenção de deixar a vida terrena neste momento, pois realmente ainda tenho muitas coisas a fazer.

– Existem milhares de cidades espirituais às quais você poderá conhecer e, certamente, em cada uma delas, terá alguém ou algo para você reencontrar ou relembrar e que te farão muito feliz por isso. E quero te dizer mais uma coisa, você não deve se preocupar com o dia da partida, pois todos vocês que estão encarnados terão que passar por esse dia, portanto, viva como se não houvesse o outro dia, e aproveite cada segundo ao lado daqueles que você ama e que são importantes para você.

– Lucas, meu amigo, como sou grato a você por dar essas informações a todos nós. Pode ter certeza de que eu faço isso, eu vivo cada momento da minha vida como se fosse o último, afinal, quero ser lembrado pelo amor que sempre estou disposto a distribuir, e não o contrário.

– Você está gostando de caminhar na praia ao meu lado, Osmar?

– Nossa, estou muito feliz com a sua companhia, aliás, sinto-me privilegiado em poder caminhar nessa linda praia ao lado de um iluminado mentor espiritual... obrigado por esse momento, Lucas, eu jamais o esquecerei.

– O que todos vocês precisam compreender é que nem sempre vocês poderão nos ver. A maioria das vezes em que estamos ao lado de vocês somos imperceptíveis, mas uma coisa eu posso lhe assegurar, nenhum de vocês está sozinho enquanto encarnado, há sempre um espírito ao lado de vocês, sempre haverá uma alma disposta a te ajudar, seja você quem for...

– Eu sei disso, Lucas, e sou muito grato, não só pela companhia espiritual, mas também, pela oportunidade de vê-los, de senti-los e de poder conversar com vocês.

– Isso se chama mérito, Osmar.

– Sou-lhes grato a tudo isso, Lucas, muito obrigado por tudo!

Caminhávamos tranquilos até que eu percebi que já havíamos terminado o primeiro trajeto que faço quando caminho no calçadão da praia.

– Daqui a gente volta, Lucas. – disse, parando e virando para retornar.

Estávamos a uns 800 metros de distância do cemitério.

– Posso continuar a caminhar ao seu lado, Osmar?

– Claro que sim, Lucas! Pelo amor de Deus, não saia nunca mais daí.

GUARDIÃO EXU

– Então, vamos seguindo.

– Vamos. – disse-lhe, dando o primeiro passo para retornar ao lugar em que sempre começo a minha caminhada.

– Você disse que gostaria de conhecer o meu amigo...

– Sim, eu fiquei curioso.

– Está bem. Porém, antes de te apresentar a ele, eu gostaria de falar um pouco sobre ele, posso?

– Claro, Lucas.

– Vamos lá... Osmar, existem milhares de espíritos que, apesar de já estarem evoluídos o suficiente para ascenderem a planos superiores, optam em permanecer na faixa terrena.

Essa escolha é feita e é aceita, porque esses espíritos são necessários ao equilíbrio energético da Terra. Tudo ao redor de vocês é energia e, por se tratar de energia, precisa de cuidados e equilíbrio.

Assim, desde que o seu planeta recebeu a primeira alma, é preciso ter o cuidado com a harmonia energética para que tudo se cumpra. O dia, a noite, o Sol e a Lua, todos precisam estar em perfeita sintonia, pois a nave (planeta) precisa ser preservada a todo custo.

Emanar fluidos a um corpo físico para que haja vida, interação, evolução e aperfeiçoamento, exige uma inteligência energética que é incompreensível para alguns irmãos que, infelizmente, ainda insistem na prática do mal.

O espírito é livre desde quando foi criado por Deus. A liberdade é o que possibilita a ele evoluir ou estacionar, lembrando que nenhum espírito retroage, todos evoluem, mas cada um a seu tempo.

Portanto, para que haja todo esse equilíbrio é necessário que milhares de espíritos vivam, assim como o meu amigo, por exemplo, entre as dimensões espirituais com o objetivo de salvar as almas e de resgatar e orientar os espíritos. Manter o equilíbrio é importante para que tudo se realize e se cumpra.

A alma, como você sabe, é a condição do espírito quando ele está encarnado, porém, ao desencarnar, todo espírito volta à sua condição original, que é a de espírito imortal.

– Sei disso, perfeitamente, Lucas.

– Osmar, em todo o Universo há espíritos cuidando do equilíbrio, guarde isso...

– Pode deixar.

– Aquele amigo que você viu ao meu lado é um Guardião do equilíbrio.

– Guardião do equilíbrio?

– Estamos no Universo para o auxílio de todos os nossos irmãos, não há acasos e, muito menos, espírito desamparado. Todos são assistidos, até aqueles que vocês acreditam que sejam os piores espíritos.

– Todos, Lucas?

– Todos. Suicidas, assassinos, nazistas, ignorantes, sábios, simples, humildes, homens, mulheres, crianças, animais... tudo, Osmar. Há um projeto evolutivo para todos os espíritos. Todos terão que evoluir, querendo ou não, o espírito vai evoluir, essa é uma Lei Natural, criada pelo nosso querido Pai, e ela é intrínseca a toda a criação.

– Eu sempre percebi que em nossas comunicações há amor e sabedoria em tudo o que vocês transmitem. Sempre confiei nos ensinamentos que, graças a vocês, e através dessas humildes linhas, eu consigo repassar aos milhares de irmãos que se lerem com amor e sem preconceito, preencherão com algo bom os seus corações.

– Continue a escrever, Osmar, você é um escolhido, e por ser escolhido, faça a sua parte e deixe que os outros façam a parte deles.

– Se todos nós fizéssemos algo por alguém ao nosso lado, se olhássemos para os nossos irmãos como irmãos que são, se dividíssemos os nossos conhecimentos com humildade e respeito, se compreendêssemos que não somos um acaso, e que estamos no todo e fazemos parte desse todo, tudo seria mais fácil, Lucas.

– Vocês seriam mais amor, Osmar.

– Isso, seríamos mais amor... teríamos a tão sonhada paz e a justiça em todos os lugares do planeta.

– Osmar, estamos nos aproximando do cemitério novamente, você quer mesmo conhecer e escrever sobre a vida desse meu amigo?

– Se for do meu merecimento, eu quero.

– Sim, é do seu merecimento. Vamos esperar por ele do lado de fora do cemitério, pode ser?

– Está bem, Lucas, vamos esperar.

– Venha, vamos...

Atravessamos a rua e nos aproximamos do muro do pequeno cemitério. Lucas e eu aguardávamos pelo espírito que havia entrado lá alguns minutos atrás , e não demorou muito para o homem aparecer.

Eu imaginava ter visto um espírito malvestido, com uma roupa estranha, mas, na verdade, estávamos diante de um iluminado Guardião.

Me impressionei muito com a grandeza espiritual externada por aquele espírito. Ele se aproximou de nós e, ao seu lado, vinham mais três espíritos, todos muito bem-vestidos.

Os rapazes que o acompanhavam vestiam uma farda vermelha e dourada, era como uma roupa antiga de soldados romanos. Somente o Guardião usava aquela roupa estranha, não que fosse feia, mas era estranha.

Eram todos muito simpáticos e elegantes.

– Olá, Lucas.

– Olá, meu amigo.

– Vejo que temos a companhia de um médium.

– Sim, esse é o Osmar.

– Olá, Osmar.

– Olá, senhor.

– Você está impressionado com a minha roupa?

– Confesso que tenho andado ao lado de alguns amigos espirituais já há algum tempo, e eu nunca tinha visto uma roupa como essa à qual o senhor está usando.

GUARDIÃO EXU

– Eu vou te explicar melhor sobre essa minha roupagem fluídica.

– Não precisa, eu não quero incomodar.

– Essa roupa é de uma modelagem muito antiga, a calça que você está vendo é feita de um tecido arcaico, as botas são de couro de búfalo, a camisa é de seda pura, uma seda indiana, e essa capa que cobre todo o meu corpo e o capuz que protege a minha cabeça foram presentes que recebi de uma amiga em Jerusalém, no século II .

– É muito bonita a sua roupa. Agora, olhando assim de perto e vendo os detalhes, realmente é uma roupa muito bonita.

– Ela é toda preta, porque não gosto muito de ser visto nos locais por onde eu ando, por isso, tento ser o mais discreto possível.

– Eu agradeço a sua explicação, mas qual é o seu nome?

– Nome?

– Sim, o senhor tem um nome?

– Tenho vários, qual você prefere?

– Vários? Como assim?

– Meu filho, o Lucas já havia me falado sobre esse nosso encontro, e eu estou inclinado a deixar que você nos acompanhe por alguns dias nas tarefas rotineiras, você está disposto?

– Será uma honra poder escrever sobre o senhor.

– Então, se prepare e me encontre o mais breve possível.

– Sim, senhor. Pode deixar.

Naquele momento, o estranho espírito virou-se de costas retornando para dentro do cemitério, deixando o Lucas e eu ali, meio perdidos.

– Lucas, o que eu faço agora?

– Termine sua caminhada. Muito em breve vou procurá-lo para que possamos encontrar o nosso amigo e, assim, você poderá relatar tudo sobre a vida dele.

– Está bem, vou terminar a minha caminhada. Você não quer ir comigo?

– Agora eu tenho que voltar aos meus afazeres, afinal, temos muitas coisas para fazer na vida espiritual.

– Você podia ter me avisado que estava tudo programado...

– Tudo, o quê?

– Que ele já sabia que iríamos escrever sobre ele, e que esse encontro de hoje aqui na praia não foi um mero acaso.

– Não existe acaso, Osmar. Nunca é por acaso...

– Obrigado, Lucas! Eu esperarei ansiosamente por você para escrever este livro.

– Eu vou te procurar em breve.

– Lucas, e qual será o nome do livro?

– Guardião – Exu.

– Sério?

– É sempre sério, Osmar.

– Desculpe-me e obrigado... te espero ansioso.

– A gente se vê em breve. Agora, vá caminhar, você precisa.

GUARDIÃO EXU

– Estou precisando mesmo, até breve!

– Se cuida, Osmar.

– Até logo, Lucas!

– Até...

Voltei à minha caminhada muito feliz pelo encontro tão inusitado, mas certo de que nada está ao acaso, e que precisamos crer que sempre há um objetivo em todas as coisas que acontecem conosco.

Guardião – Exu.

Que oportunidade linda a que eu recebi naquela manhã ensolarada.

Ansioso, terminei a minha caminhada e dirigi-me ao meu escritório ansioso pelo reencontro.

O tempo passou até o nosso novo encontro...

> "
> *Tudo está organizado para que nada se perca.*
> "
>
> *Lucas*

A Revelação

Passados dois dias, eu estava no meu escritório desdobrado ao lado de Nina, psicografando um outro livro, quando o Lucas apareceu para nós naquela psicografia. Na verdade, o meu corpo físico estava lá no escritório, mas eu estava em outro lugar, pois é assim que acontece o desdobramento.

– Olha, Osmar, quem está aqui... – disse Nina.

Eu olhei para o lado e vi que o Lucas estava no mesmo hospital em que Nina e eu acabávamos de chegar. Estávamos na Colônia Espiritual Amor e Caridade, na recepção do Hospital Amor e Caridade.

– Oi, Lucas.

– Olá, Nina! Olá, Osmar! Eu estava esperando por vocês. – disse o iluminado amigo.

– Não me diga que você vai "roubar" o médium de mim? brincou Nina, sorrindo e colocando suas mãos em uma cadeira, ironizando a presença de Lucas.

– Isso é golpe baixo, Nina! – disse Lucas, sorrindo.

(Risos e abraços)

Nina abraçou carinhosamente o Lucas, que sorriu feliz pelo encontro o qual eu pensava ser inesperado.

GUARDIÃO EXU

– Eu já havia reservado o Osmar para mim hoje. – brincou Lucas.

E eu ali, olhando para aqueles espíritos que se divertiam com a minha mediunidade. Como eu me sentia feliz e útil naquele momento... como é bom fazer o que eu faço.

– Veja, Lucas, o Osmar está preocupado, e eu acho que um pouco envergonhado também.

– Não estou não, Nina. Na verdade, eu estou feliz demais em ver que vocês estão me disputando. Eu nunca pensei que um dia eu veria a minha mediunidade ser reconhecida desta maneira. Fico até emocionado, perdoem-me.

Naquele momento, a emoção tomou conta de mim. Nina, ao perceber que eu estava emocionado, se aproximou e disse:

– Quiséramos nós, Osmar, que houvessem mais médiuns assim tão dedicados como você. O que todos os médiuns precisam saber é que, o que aproxima vocês de nós, é aquilo que vocês carregam no coração, portanto, se houver amor, humildade, simplicidade e disciplina, lá estaremos nós, sempre a serviço do amor maior.

Lágrimas desceram dos meus olhos naquele instante, e o que era diversão, transformou-se em pura emoção. Eu não as contive...

Lucas se aproximou de nós e nos abraçou. Ficamos por alguns segundos abraçados ali no Hospital Espiritual Amor e Caridade.

Após o desabraço, sequei minhas lágrimas e me sentei em uma das diversas cadeiras que havia na recepção daquele lindo e maravilhoso hospital.

– E então, Nina, eu posso "roubar" o Osmar para mim?

– Pode sim, Lucas, leve-o para escrever mais uma obra, pois eu tenho certeza de que ela será muito útil a todos.

– Eu posso ir, Nina?

– Vá, Osmar, falta pouco para terminarmos este livro, depois eu te encontro. Não podemos perder a oportunidade que se apresenta para revelar e desmistificar o que pensam sobre os Exus.

Naquele momento, eu me levantei e me aproximei do Lucas, que agradeceu a Nina por ter permitido com que eu fosse com ele.

– Obrigado, Nina, por permitir que eu vá com o Osmar ao encontro do nosso amigo.

– De nada, Lucas. Que corra tudo dentro do planejado.

– Certamente que sim, Nina. Vamos, Osmar?

– Vamos. – respondi. – Até breve, Nina! – disse, olhando para a iluminada.

– Aproveite bem o momento ao lado do Lucas, Osmar.

– Pode deixar.

Deixamos para trás o Hospital Amor e Caridade e a nossa amada Nina.

Ao sair do prédio do hospital, pusemo-nos a caminhar em direção à alameda central da Colônia Amor e Caridade, foi quando vimos que o Marques se aproximava de nós.

GUARDIÃO EXU

Marques é o secretário do presidente da Colônia, o nosso amado Daniel, que preside com amor essa que é uma das Colônias mais importantes da vida espiritual.

– Bom dia, Lucas! Bom dia, Osmar!

– Bom dia, Marques! – respondemos.

– Para onde vão os amigos?

– Estamos indo ao encontro do Guardião Exu. – disse Lucas.

– Façam bom proveito desse raro encontro e não desperdicem essa oportunidade.

– Faremos. – disse Lucas.

– Osmar, vê se aparece mais vezes, estou com saudade das nossas conversas. – disse o amado Marques.

– É só me convidar que eu deixo tudo para trás e venho correndo para conversar com você, meu amigo. Você sabe, Marques, mais do que ninguém, do carinho e do amor que eu sinto por você.

– Vamos marcar? – disse ele, com um leve sorriso no rosto, algo não muito comum ao iluminado mentor.

– A hora que você quiser, estou à sua disposição.

– Boa viagem, amigos!

– Até breve, Marques! – disse Lucas.

– Até breve, queridos amigos.

– Até breve, Osmar! – disse Marques, acenando com a mão direita para mim.

Caminhamos até transpassarmos o portão central, que dá acesso à Colônia Espiritual Amor e Caridade. Já estávamos do lado de fora, quando um rapaz se dirigiu até nós trazendo consigo duas mochilas.

– Pegue uma, Osmar. – disse Lucas.

Imediatamente, eu peguei uma daquelas mochilas e coloquei nas minhas costas. O rapaz, após entregar os objetos sem dizer nada, distanciou-se de nós e retornou para a Colônia.

– O que tem dentro dessas mochilas, Lucas?

– Coisas das quais iremos precisar. Venha, Osmar. – disse o mentor, entrando em uma trilha na mata que cerca Amor e Caridade.

Eu pude ver que era um fim de tarde. Poucos pássaros revoavam sobre nós. As árvores eram verdes com flores coloridas, e duas coisas das quais mais acho bonitas nas Colônias são, justamente, as árvores e as flores. Elas são majestosas, impressionantes e lindas.

Caminhávamos tranquilos até o momento em que começamos a entrar em um lugar muito escuro.

– Venha, caminhe ao meu lado, Osmar. – disse Lucas, preocupado comigo.

Caminhamos naquela trilha por, aproximadamente, duas horas, até que chegamos a uma cidade... uma Colônia, talvez.

– Que lugar é esse, Lucas?

– O Reino de Exu.

GUARDIÃO EXU

– Ele tem um Reino? Aquele homem que encontramos na porta de um cemitério... ele tem um Reino? – questionei surpreso.

– Desde que o mundo é mundo, Osmar.

– Meu Deus!

O lugar era surpreendente, com vários castelos muito antigos. Havia várias ruas, todas de pedra, casas antigas, galpões, casebres coloridos, lojas, uma enorme praça e, no centro dessa linda cidade, um prédio enorme, como os que costumamos ver em quase todas as Colônias, com uma torre bem alta, redonda e com uma luz que desce do espaço e adentra o lugar.

– Que prédio lindo, Lucas!

– É o prédio central.

Caminhávamos pela larga e arborizada avenida, quando notei que não estávamos sozinhos, muitos espíritos também caminhavam ali ao crepúsculo. Eram mulheres, rapazes, velhos... muitos espíritos.

Todos caminhavam conversando alegremente. Alguns, estavam nas portas dos bares existentes, outros, cantarolavam uma bela cantiga acompanhada por bandolins em uma esquina toda iluminada.

Eles estavam alegres e felizes. Realmente, era um Reino muito bonito, aliás, um lugar impressionante.

– Lucas, esse lugar é uma Colônia?

– Sim, podemos chamar de Colônia de apoio.

OSMAR BARBOSA

– Colônia de apoio? Você pode me explicar o que é isso?

– Sim. Nesse tipo de Colônia ou Reino, como queira chamar, não vivem espíritos, os que você está vendo aqui são espíritos voluntários e transitórios. Para que haja uma harmonia energética no plano em que vocês vivem, Osmar, há uma administração energética. Esses espíritos os quais você vê agora aqui nas ruas e nos bares, estão em um período de espera para as missões que irão executar no plano terreno, desta forma, todos têm oportunidades infinitas de auxílio e de amparo e, auxiliando e amparando, todos conseguem evoluir.

– Quer dizer que existem Colônias ou Reinos que servem somente para o trabalho no plano físico?

– Exatamente, ou seja, para que tudo transcorra dentro da proposta evolutiva dos espíritos faz-se necessária a administração das energias, entende?

– Sim, e achei bem interessante a existência disso. Quantas Colônias ou Reinos os Exus possuem?

– Oficialmente, sete Reinos, mas existem alguns que ainda são desconhecidos por vocês.

– Quais são os Reinos, Lucas?

– Eu vou citar apenas os que são conhecidos por vocês, pode ser?

– Sim, claro.

– Reino da praia, da mata, do cemitério, da lira, das almas, das encruzilhadas e dos cruzeiros. E esses Reinos ainda são

GUARDIÃO EXU

subdivididos em vários outros, tudo isso, sem contar os Reinos de Pombagiras, dentre outros. Tudo está organizado.

Mas, agora, vamos nos ater ao Reino em que estamos, não vamos nos aprofundar em toda a hierarquia de Exus, pois o objetivo desta obra é mostrar e desmistificar o que as pessoas acham e pensam sobre Exus.

– Eu agradeço a oportunidade, principalmente por ser o portador dessa mensagem.

– Nosso objetivo é mostrar o trabalho desses queridos companheiros em regiões que são quase inacessíveis por nós. São espíritos que se propuseram a trabalhar nos piores recantos espirituais do Universo, por isso, são respeitados e muito queridos por todos nós.

Sabe, Osmar, quando evoluímos, o nosso corpo espiritual torna-se sutil, e quanto mais formos evoluídos, mais sutil será o nosso corpo neste lugar, entende?

– Sim, já estudei sobre isso. Eu aprendi que, para que possamos acessar os lugares mais sutis da espiritualidade, precisamos de um corpo mais sutil, perispíritos mais evoluídos.

– Por isso, não é recomendado que corpos sutis permaneçam por muito tempo em planos densos, você entende?

– O que pode acontecer com vocês caso permaneçam por muito tempo em um lugar denso?

– Perdemos fluidos, e isso não é bom, Osmar. Nós não somos matéria, somos seres espirituais, e tudo o que é espiritual é sutil, aprenda isso. Os nossos amigos Exus são extremamente úteis para que haja todo o equilíbrio necessário. Tudo é energia, todos nós somos energia...

– Vejo que sim e, pelo pouco que sei a respeito dos Exus, eles são realmente especiais e essenciais ao equilíbrio da vida na Terra. Será que um dia, alguém como eu, poderá trabalhar em um lugar assim como esse, Lucas?

– Se você merecer, certamente que sim.

– Merecimento, é?

– Sim, toda conquista alcançada nas encarnações, reflete-m o estado do espírito na vida espiritual.

– Colheita, Lucas?

– Exatamente, dependendo daquilo que você plantou durante as experiências terrenas, sua colheita será boa ou não aqui nas cidades espirituais.

– E o que os espíritos que vivem aqui fazem propriamente falando?

– Você poderá perguntar isso diretamente ao nosso amigo. É ele quem preside este Reino.

– Aquele que não quis me dizer o nome? E que você também não quis me dizer? Por qual motivo, Lucas?

– Sim, é ele mesmo que dirá tudo o que você precisa saber. Ele é o dirigente espiritual dessa cidade, e já está a nossa espera. Eu considero que o melhor a ser feito é que você o conheça integralmente, para que essa psicografia fique bem relatada, por isso, não fique chateado achando que eu quero ou desejo manter um mistério, não é isso, é que esses guardiões precisam de espaço na literatura espírita e, nada melhor, que uma conversa fiel com eles mesmos.

– Então, vamos logo, Lucas, pois a cada informação, eu fico ainda mais curioso e ansioso para relatar tudo isso aqui a todos.

– Estamos indo.

– Vamos para aquele prédio lá? – perguntei, apontando para o prédio mais alto.

– Sim, ele mesmo.

O prédio ficava na parte central da Colônia, e faltava ainda uma boa caminhada até o lugar. O Reino de Exu é muito grande e extremamente belo. Eu aproveitava para observar tudo ao nosso redor e, confesso, que lugar maravilhoso, assim como todos os que já visitei, mas aquele lugar parecia ser bem antigo, algo do qual eu nunca havia visto em nenhum lugar da vida espiritual.

– Lucas, eu posso te perguntar mais uma coisa?

– Sim, claro.

– Qual é o nome desse Reino?

– Ele irá te responder.

– Está bem, é melhor eu parar de te perturbar e andar mais rápido, se o que eu quero é logo saciar a minha curiosidade.

– Faça isso, Osmar.

Acelerei o passo, deixando o Lucas para trás... ele olhava para mim e sorria.

Ah, como eu amo a minha mediunidade. Como é maravilhoso viver tudo o que eu vivo ao lado desses amigos espirituais. Com o passar do tempo, tenho ficado ainda mais íntimo dos mentores que escolheram a mim para ser o intermediário deles aqui no plano físico.

O Lucas é maravilhoso, e a história da vida dele eu já contei para vocês no livro *Acordei no Umbral*.

Confesso que sou apaixonado por esse espírito, como ele é sábio, bondoso, inteligente, gentil e alegre. Todas as vezes que visito a vida espiritual, vejo que os espíritos que vivem lá não possuem motivo algum para serem tristes ou infelizes, pois a vida espiritual é repleta de surpresas e reencontros.

Reencontraremos todos aqueles que se foram antes de nós. Velhos amigos, familiares, avós, pais, tios, amigos de infância, colegas de escola e de trabalho, familiares das vidas anteriores que sequer imaginávamos que existiam.

Viveremos novamente situações marcantes da nossa evolução, reencontraremos amores adormecidos em nosso peito, compreenderemos todos os "porquês" da vida... como é surpreendente e maravilhosa a vida concedida a nós pelo Criador.

Eu caminhava sorrindo e agradecendo a Deus por tudo o que eu vivo nessa encarnação. Lembrei dos meus filhos, da minha família, da casa espírita, e de todos aqueles que estão ao meu lado nessa jornada.

O engraçado é que eu caminhava, agradecia e sorria, e o Lucas assistia a tudo aquilo com um olhar carinhoso, parecia que ele lia os meus pensamentos e concluía: "você está certo em agradecer, Osmar". Parecia até que eu podia ouvir ele me dizendo isso...

Bem, após uma longa caminhada, finalmente chegamos ao lugar. E, como eu tinha dito anteriormente, era um prédio muito alto, luminoso, antigo e robusto.

Na fachada de todo o edifício, havia estátuas de anjos em tamanho natural, acho que eram feitas de mármore, e alguns anjos tinham cornetas nas mãos, como se estivessem tocando-as ou anunciando algo. Outros estavam com os braços direcionados para o céu, reverenciando a criação divina.

Eram várias estátuas de anjos e anjas, e nem sei se existe a palavra "anja", mas eu pude ver que havia algumas de homens e mulheres com asas que pareciam ser anjos. Aquele lugar era muito lindo, aliás, tudo ali era impactante tamanha a beleza do lugar.

Em frente ao grande e majestoso prédio, havia uma longa escadaria à qual deveríamos subir para nos aproximarmos da porta de entrada, que era enorme.

Eu parei admirado com o lugar e fiquei à espera do Lucas.

Estava encantado com a beleza daquele prédio na parte central do Reino... o Reino de Exu.

"

Luz e trevas são, na verdade, um conceito humano, coisas que foram criadas para o homem aprender a viver com o que tem de bom e de ruim dentro de si mesmo.

"

Lonan

A espera

Lucas se aproximou de mim, e eu continuava parado ali, olhando admirado para aquele lugar que tanto me impressionava. Tudo era muito bem-feito e de uma riqueza celestial.

– Venha, Osmar, vamos entrar.

A porta que dava acesso ao majestoso prédio se abriu em duas abas e tinha, aproximadamente, de seis a sete metros de altura. Eu pude ver talhadas na madeira dessas portas, algumas imagens de anjos celestiais. Eram anjos no Paraíso, alguns volitavam sobre os outros que, felizes, dançavam uma música imaginária.

Havia, ainda, algumas árvores esculpidas cuidadosamente na espécie de madeira das portas de acesso ao lugar. Eram várias portas, mas nós entramos pela porta principal, no meio do imponente edifício.

– Venha, Osmar. – insistia Lucas.

– Estou admirando e anotando tudo para não perder nenhum detalhe dessa maravilha, Lucas.

– Memorize e escreva depois, agora, precisamos entrar.

– Mas é surpreendente, como é lindo esse lugar, Lucas, parece que estou no céu.

– E está mesmo. – disse Lucas, abrindo a grande porta.

O que vi naquele momento, me arrepia até agora.

Era um grande salão e, no fim da entrada, havia uma imagem de nosso senhor Jesus Cristo crucificado. A efígie era em tamanho natural e feita em um material parecido com o mármore, mas não era exatamente essa pedra. Era um material leitoso... branco, muito branco mesmo.

A representação era de Jesus crucificado; Maria – mãe de Jesus – ajoelhada aos seus pés; ao seu lado, outra mulher a qual acredito ser Marta; um rapaz que parecia ser Lázaro; entre outras pessoas, todas ajoelhadas, olhando para Jesus na grande cruz.

Havia também estátuas de anjos que sobrevoavam a crucificação de Jesus. Elas pareciam estar penduradas por cabos que, confesso, não consegui enxergar.

Um cenário muito lindo. Mais uma vez, eu não pude conter as lágrimas que desciam pela minha face, emocionado com tudo aquilo. Fiquei parado ali por alguns minutos, memorizando cuidadosamente tudo o que, fascinado, eu deveria trazer para essa psicografia.

Era como se estivéssemos dentro de uma catedral, algo que eu ainda não vi em parte alguma do nosso planeta. Uma escadaria separava a recepção onde havia um pequeno balcão com aquele altar – se assim posso chamar – contendo aquela impressionante imagem do Cristo Jesus.

– Venha, Osmar.

Assim, seguimos em direção ao pequeno balcão onde uma jovem estava a nossa espera.

Ela vestia uma roupa branca que lhe cobria todo o corpo. Na cintura, um cinto dourado e, nos pés, uma sandália de tiras na mesma cor. Seu rosto era angelical, e em seus lindos cabelos ruivos, ela usava uma presilha com a imagem de uma borboleta, com todos os detalhes feitos em pedras coloridas.– Bom dia, Lucas.

– Bom dia, Samira.

– Bom dia, Osmar.

– Bom dia!

Logo pensei... "como ela sabe o meu nome?"

– O Lonan está à espera de vocês, venham. – disse Samira, deixando o balcão e nos convidando a segui-la.

Caminhamos até a lateral do lugar, onde havia uma porta que dava acesso ao lado direito do local. Assim que entramos, eu vi um corredor com várias salas. Havia alguns espíritos esperando para serem atendidos, eu acho. Todos estavam sentados em bancos posicionados em frente às salas.

– Lucas, quem é Lonan?

– O Guardião-chefe.

– Ele é o diretor desse lugar?

– Um dos diretores. Lonan é o presidente deste Reino e possui alguns diretores como auxiliares. Não é possível administrar uma cidade espiritual sozinho, Osmar.

GUARDIÃO EXU

– Eu pensei que estivéssemos em uma Colônia...

– Eu já te disse que você pode chamar esse lugar do que quiser, inclusive de Colônia.

– Lucas, eu posso te dizer uma coisa?

– Sim, claro.

– Eu nunca havia imaginado nada igual a isso aqui.

– Realmente, este Reino é muito bonito. Na verdade, a beleza desse lugar está relacionada ao tempo que ele existe.

– É muito antigo?

– Desde a criação.

– Desde a criação do mundo?

– Na verdade, ele existe desde que o seu planeta foi criado.

– Ah, entendi. Quer dizer que essa cidade espiritual, ou melhor, este Reino no qual estamos agora, foi criado anteriormente ao planeta Terra?

– Na realidade, ele faz parte da criação dos planetas que compõem a Via Láctea. Tudo foi criado antes mesmo dos espíritos expiarem nos planetas dessa Galáxia. É importante que todos vocês saibam que existe uma administração espiritual em toda a criação e que, antes de vocês expiarem nos planetas evolutivos, toda a estrutura espiritual foi organizada, desta forma, este Reino faz parte de um grupo de cidades espirituais que orbitam essa Galáxia.

– Nossa, Lucas, que interessante.

– Deus tem um plano para todos os seus filhos, Osmar, sendo assim, toda a estrutura necessária para que os planos d'Ele se realizem, está à disposição dos seus filhos.

Enquanto conversávamos, seguíamos a jovem Samira, até que chegamos a uma porta com uma placa indicando que ali era a sala da diretoria.

Samira bateu à porta suavemente, e foi possível ouvir quando uma voz firme disse para entrarmos. A jovem abriu a porta e nos convidou para entrar no ambiente e, para a minha surpresa e alegria, era mais um lindo lugar, muito bem decorado.

Era uma grande sala, e sentado à mesa estava aquele homem de, aproximadamente, 40 anos de idade. Alto, moreno, cabelos longos, barba baixa e muito bem aparada, olhos castanhos... eu estava diante de Lonan, o diretor daquele lugar.

Logo que entramos na sala, ele se pôs de pé e foi nos receber. Lucas caminhou em sua direção e o cumprimentou com um abraço.

Eu estava admirado olhando as obras de arte espalhadas nas paredes e, ainda, algumas estátuas que foram colocadas harmonicamente em todo o ambiente.

No canto da sala havia algumas plantas e uma pequena fonte na qual jorrava um filete de água cristalina. No local também havia flores e pequenas poltronas muito bem-arrumadas, criando vários ambientes no mesmo lugar.

GUARDIÃO EXU

Por detrás da mesa de Lonan, havia uma enorme estante cheia de livros, alguns eram muito antigos, eu pude ver.

– Esse é o escritor que encontramos na praia, não é ele?

– Sim, é o Osmar. Venha, Osmar, venha até aqui para cumprimentar o Lonan.

Mas eu estava distraído, olhando para tudo aquilo e anotando cada detalhe daquele lugar incrível.

O teto era ovalado e tinha uma pintura igual àquela que vemos em igrejas, com anjos e santos, todos em harmonia celestial. Pensei: "será que esse lugar é uma igreja?".

O local era muito parecido com as igrejas europeias... embora eu nunca tenha ido à Europa, já ouvi dizer que as igrejas de lá são majestosas.

Enquanto isso, eu pensava:

"Será que Lonan é um mentor espiritual de muita luz?"

"Que lugar é esse, meu Deus?"

Foi quando o Lucas me chamou novamente.

– Osmar, o Lonan está te esperando.

– Desculpe-me, Lucas. Perdoe-me, Lonan. É que eu estou maravilhado com tudo o que estou vendo aqui. Que lugar é esse? – perguntei inebriado.

– Este é o Reino de Exu, Osmar. Como o Lucas já disse, o nosso Reino tem muitos nomes, mas nomes aqui não são importantes.

– Esse lugar é impressionante! – disse, me aproximando de Lonan e apertando a sua mão direita.

Carinhosamente, ele colocou seu braço sobre o meu ombro, a fim de me cumprimentar com ternura.

Eu estava diante daquele homem de muita luz. Ao tocá-lo, eu percebi que ele era um espírito muito iluminado. Em nosso primeiro encontro, eu não havia prestado tanta atenção assim nele.

E aquilo me impressionou ainda mais.

– Venham, vamos nos sentar. – disse Lonan, nos oferecendo duas confortáveis cadeiras que estavam posicionadas em frente a sua grande mesa.

Havia alguns papéis sobre a mesa, uns livros, um mataborrão daqueles bem antigos, canetas de penas, um enorme tinteiro, e uma taça com um líquido que parecia ser água.

– Lonan, o Osmar é a pessoa que você me pediu para escrever o seu livro.

– Que bom! Eu sou muito grato a você, Lucas, e agora, ao Osmar, por essa oportunidade. Nós precisamos falar e precisamos também ser ouvidos.

Naquele momento, confesso que me emocionei mais uma vez... sou muito grato à mediunidade recebida nessa encarnação, e não tenho palavras para agradecer a Deus e aos espíritos por permitirem isso.

– Controle a emoção, Osmar, pois ainda temos muita coisa para revelar e mostrar a você, portanto, esteja pronto para tudo o que irá ver. Sabemos que você tem se preparado e se dedicado às psicografias, então, sinta-se em casa.

GUARDIÃO EXU

O nosso Reino também é uma Colônia, mas, se preferir, pode chamar de Cidade Espiritual, lugar provisório... dê o nome que quiser, pois como o Lucas te disse, nomes não são importantes aqui, nem em lugar algum da espiritualidade. Títulos, honrarias, cargos, posição social etc., nada disso importa na vida espiritual, porque aqui, Osmar, somos todos iguais. Aqui, você será respeitado pela história que escreveu em suas encarnações, você será amado ou encaminhado para novas provas, e isso só vai depender do que você fizer nas suas oportunidades evolutivas.

– Perdoe-me, Lonan, é que às vezes eu sou levado pelas emoções, e sei que elas me atrapalham muito, inclusive na vida de encarnado. Mas sou extremamente grato a você por essa oportunidade, e darei o melhor de mim. Eu vou me esforçar ao máximo para transmitir a sua mensagem a todos.

– A sensibilidade demonstra grandeza espiritual, portanto, não esconda as suas emoções, elas revelam quem realmente você é.

– Obrigado!

– Um homem sem emoção é o mesmo que um oceano sem água. – disse Lucas, entrando na nossa conversa.

– Obrigado, Lucas.

– Vamos ao trabalho, rapazes?

– Sim, vamos. – disse-lhe feliz.

– Osmar, para que todos entendam o nosso trabalho, é necessário que antes todos tenham consciência do que realmente somos, do que é um Exu.

– Concordo, eu acho que todos precisam saber exatamente quem são os Exus.

– Primeiro, eu quero te fazer algumas perguntas, pode ser?

– Sim, se eu souber responder...

– Você pode até não saber responder, mas vai me ajudar a explicar a verdade, explicar o que, de fato, somos.

– Sou grato, Lonan. Vamos lá!

– Você sabe quem é Exu?

– Prefiro ouvir de você.

– Desculpe-me, Osmar, eu esqueci de me apresentar a você. Você precisará anotar alguns detalhes sobre mim, ok?

– Sem problema.

– Meu nome é Lonan. Escreve-se "L'Onan", separadamente, e quer dizer "Senhor dos Caminhos". Alguns me chamam de "Onã", mas eu gosto de ser chamado de Lonan, pois esse é o meu nome de batismo na vida espiritual. Eu já tive muitos nomes, mas nessa psicografia eu gostaria que você me chamasse de Lonan.

Agora, podemos prosseguir?

– Sim.

– Vamos em frente...

Osmar, Exu é de origem cultural, Nagô, Yoruba... e surgiu na África há milhares de anos. É preciso que todos saibam disso, pois somos muito mais que Exus.

GUARDIÃO EXU

Exu como Orixá, vem do mesmo lugar que Oxalá, Oxum, Xangô, Ogum, Nanã, Iemanjá, e todos os outros Orixás. Nós existimos e estamos presentes desde a criação do mundo, aliás, nós participamos da criação. Foi no início de tudo que recebemos de Deus – ou Olorum, ou Obatalá, enfim, chame o nosso Pai pelo nome que quiser e como preferir –, os nossos Reinos, porque assim, Ele o fez.

Exu é mensageiro, Osmar... Exu é equilíbrio... e é sobre isso que iremos falar.

– Nossa!

– Você acredita no Diabo, Osmar?

– Eu?

– Sim. Você acredita no Diabo?

– Sinceramente, eu não acredito na figura de um diabo. Eu acredito que exista o mal, aliás, eu não tenho dúvida de que o mal exista, mas não sincretizado em uma figura somente.

– Osmar, quem é o Diabo?

– Não sei.

– Qual é o significado da palavra "diabo"?

– A palavra "diabo" vem do latim *diabólus*, e é entendido como negador, caluniador, opositor ou acusador (aquele que nega). Em português é chamado de Diabo, em espanhol de *Diablo*, em italiano de *Diavolo*, e em inglês de *Devil*.

– Não sabia. De quem seria o interesse em fazer com que vocês acreditassem no Diabo, Osmar?

– Não sei.

– Foi Santo Agostinho quem criou a ideia de pecado original, você sabia?

– Não.

– Ele disse que todos vocês são filhos de Adão e Eva, sendo assim, todos vocês já nascem filhos do pecado e é, por isso, que são batizados ainda bebês. Na verdade, essa é uma ideologia impregnada pelas igrejas para escravizarem as almas encarnadas.

Se comer a maçã realmente tivesse sido um pecado, Osmar, o Criador não teria colocado a fruta no Paraíso, pois Ele é onisciente. Não foi Jesus quem disse que o Reino dos céus pertencia às crianças? Pois então, Ele não disse que o Reino dos céus pertencia somente às crianças batizadas.

– Verdade.

– Lúcifer, Osmar, não existe no judaísmo, ele só existe no catolicismo. Azazel é um anjo. Belzebu, ou melhor, o deus das moscas, é uma maneira jocosa de referir-se ao deus do outro, não é alguém em específico.

Lúcifer, novamente, quer dizer "o portador da luz". Satanás é um opositor, não é exatamente alguém, qualquer opositor é Satanás. Aqueles que são contra qualquer coisa são Satanases...

Capeta é aquele que veste uma capa.

– Meu Deus! Como não estudamos isso?

– Eu estou aqui para lhes mostrar a verdade, basta que creiam, que saiam dessa ideologia antiga e escravizadora.

GUARDIÃO EXU

– Jesus!

– Chifrudo, tinhoso... as pessoas não sabem o que é isso. Esse Diabo, esse Demônio cristão, ou seja, do Novo Testamento, que não existe no Velho Testamento, ele também não existe no judaísmo. Ele foi inspirado na figura de um anjo caído, e construído a um modelo como a daquela dicotomia do bem e do mal mais antiga da cultura persa, em que se tinha "Ormuz" (deus do bem) e "Arimã" (deus do mal), o que se chamou de maniqueísmo e dividiu o mundo em um deus bom e um deus mal.

Desta forma, o Cristianismo e o catolicismo internalizaram essa crença, na qual um Diabo forte os ajuda a converter as pessoas. Assim, criaram essa figura demoníaca que não tem nada a ver conosco, os Exus.

Os nomes que vocês utilizam para nós, que são variados, são de origem Nagô ou Yoruba. Os outros nomes são dados pela própria espiritualidade ou pelo campo de atuação do Exu. Sendo assim, tem-se Exu da montanha, da estrada, da luz, da rua, das encruzilhadas, e por aí vai.

Divindade, Osmar, não pode ser do mal. Se tem o título divino, é porque é do bem, trabalha para o bem, faz o bem. Se somos chamados como uma divindade, por que nos cultuam no mal?

O mal é ignorância, Osmar, e em divindade não há ignorância, pois para nos tornarmos uma divindade, antes tivemos que provar toda a nossa bondade, caridade, benevolência, evolução e amor.

Tivemos milhares de existências que nos aperfeiçoaram para que os Reinos fossem concedidos a nós no instante da criação. Nós participamos dos sete dias da criação, meu nobre escritor.

Na realidade, Osmar, o que existe mesmo são as inteligências organizadas e dedicadas ao mal, algo que nada tem a ver com os Exus. Não há ignorância em divindade, e vocês precisam saber disso.

E, mais... vocês precisam saber também que Exu não é treva, Exu é um deus antigo, somos deuses antigos, Osmar, divindades... somos uma luz que ilumina toda a vida terrena, que exterioriza amor e leva para todos vocês, as mensagens divinas das esferas superiores.

Somos mensageiros, Osmar, mensageiros... senhores dos caminhos, todos os caminhos em que as almas e os espíritos transitam, são organizados, vigiados e comandados por Exus.

Nós somos anteriores à criação do mundo. A existência de Exu é anterior ao tempo, pois no tempo de Exu, o tempo ainda não havia sido criado. Nem o dia e nem a noite existiam... eu sou anterior a tudo, meu nobre escritor.

Conheço as religiões.

Assisti a toda a criação.

Eu sou um poder primordial no mundo.

Assisti aos sete dias da criação.

Sou anterior ao dia e às trevas.

GUARDIÃO EXU

Sou anterior a tudo e a todos...

Por isso, não sou treva... por isso, sou luz.

Luz que clareia os recantos mais longínquos da criação.

Estou em todos os lugares.

Onde não há nada, há Exu.

Não sou o ódio, sou o amor simplificado.

Não sou a escuridão, pois por onde eu passo, eu deixo a luz.

Conheço todos os outros deuses, e sou o único emissário e mensageiro deles diante de todos os lugares do Universo.

Sou um Guardião.

Luz e trevas são, na verdade, um conceito humano, coisas que foram criadas para o homem aprender a viver com o que tem de bom e de ruim dentro de si mesmo.

Dia e noite não existiam no meu tempo. Luz e trevas são conceitos criados para o homem aprender a lidar com o seu livre-arbítrio e a sua alma, logo, o homem associou o seu simbolismo metafórico e metafísico ao dia e à noite. Antes de existir a razão humana, eu já existia.

O que todos precisam saber, ainda, é que nós, Exus, não somos objetos. Para criar um relacionamento conosco, em primeiro lugar, há de se colocar o amor. Não somos objetos, somos espíritos como todos os que foram criados pelo Criador.

Você não precisa saber quem eu sou, eu sei quem você é...

A grande maioria das pessoas sequer sabe quem é ou o que é o Diabo, o capeta, o Demônio, Lúcifer, e todos os outros nomes utilizados de forma errônea. Não somos o mal, não praticamos o mal, não compactuamos com as coisas negativas, e nem perseguimos qualquer espírito com o intuito de fazê-lo infeliz.

Somos necessários... somos emissários... somos luz, onde não há luz... somos diálogo, onde não há palavra... somos respeito, onde o respeito não há... somos os Guardiões dos sete cantos do Universo. Onde houver a necessidade de equilíbrio, lá estará o Guardião Exu.

– Nossa, Lonan, eu não sei nem o que dizer... como estamos equivocados sobre vocês.

– Osmar, eu sou o mensageiro, eu sou o Guardião de tudo e de todos. Não há um só lugar na criação em que nós, os Exus, não estejamos. É extremamente importante que seja dado um basta na maneira pela qual vocês utilizam para fazer o culto ao Exu. Que seja dado um basta no trato direcionado a nós, pois não somos o que vocês adoram, não façam o que estão fazendo, não se distanciem de nós.

Não me cultuem, não me ofereçam sangue, não me julguem e não me adorem, pois eu ainda estou caminhando. Sou o melhor dos aprendizes, pois conheço os meus limites e a minha razão. Não ando sozinho, e quem anda comigo, não anda contigo, por isso, não somos amigos... somos espíritos em evolução eterna.

Quando quiser falar comigo, diga: *Loroiê*. Que, na minha língua, quer dizer: olhe por mim... olhe para mim.

GUARDIÃO EXU

Diga: *Loroiê* Exu, pois quer dizer: olhe por mim, Exu.

Diga: *Mojubá*, pois quer dizer: você é grande.

Lembrem-se sempre que em casa de Exu não tem campainha, então, sempre que quiserem falar comigo, meus amigos, batam palmas... para que eu possa ouvi-los e permita com que vocês entrem nos meus caminhos...

Eu sou o Guardião do tempo.

Sou o Guardião da luz. Senhor dos caminhos e do tempo.

Todas as estradas da vida estão sob minha supervisão.

Não há caminho no Universo que não haja Exu.

Estou nas calungas, nas praias, nas matas, nos oceanos, nos cruzeiros, na lira... cuido das almas penadas e perdidas.

Eu sou Exu, o senhor dos senhores.

– O que podemos te dar em agradecimento? Se é que podemos te dar algo em agradecimento...

– Osmar, os sacrifícios sempre existiram, mas o sacrifício não pode ser a morte de um animal, por exemplo, pois não somos a morte, Exu é vida em abundância. Vocês precisam saber mais sobre o animismo. Vocês precisam estudar.

Quem não gosta de ser cultuado, adorado, presenteado?

Nós gostamos de ser lembrados, nós gostamos de ajudar, nós gostamos de informar e amparar, pois somente através do amparo, do acolhimento, da ajuda e do amor ao próximo, é que atingimos os nossos objetivos evolutivos.

Quando você quiser falar comigo, estabeleça o canal de comunicação. Abra um portal, que pode ser feito através de uma prece, uma vela, uma ignição necessária a você encarnado.

Se quiser me presentear, me dê vida e não morte. Estamos em todos os lugares, em todo o Universo, como já lhe disse. Não precisamos de oferendas ou sacrifícios, nada disso. O que nos liga é o que você sente por mim, o que nos une é o amor.

— Estamos no caminho errado, Lonan?

— Não, vocês estão aprendendo, e nós estamos aqui para levar até vocês, as mensagens renovadoras. Imagine se não houvesse o Novo Testamento? Vocês ainda estariam arrancando olhos por aí, pois o Antigo Testamento vos ensinava: "Olho por olho, Dente por dente". Vocês estariam ferindo aquele que fere com o ferro quente, pois "quem com ferro fere, com ferro será ferido".

Mas, os ensinamentos devem se renovar. Tudo se renova para novamente começar. As religiões precisam de reformas, de novas diretrizes... não se doutrinem em velhos textos, velhos conceitos, velhas palavras e antigos ensinamentos. Estamos aqui para lhes trazer essa carta... a carta de Exu. Escreva esse livro para que todos possam nos conhecer, Osmar.

— Posso anotar tudo?

— Sim. Escreva com todos os detalhes tudo o que for visto em nossos Reinos, e revele para todos o modo como vivem os Exus... o que fazemos, de onde viemos, e tudo aquilo que puder viver ao nosso lado, meu nobre amigo escritor.

GUARDIÃO EXU

– Nossa, como sou grato a vocês por ser o portador dessas informações, Lonan.

– Mantenha-se no amor e será muito útil para nós.

– Estou em vigília, meu amigo.

– Estamos ao seu lado.

– Obrigado, Lonan.

– Não agradeça, escreva!

> "
>
> A escuridão é a inexistência da luz.
>
> "
>
> *Lucas*

Animismo

A cada frase, a nossa conversa ficava ainda mais empolgante e cheia de ensinamentos. Foi quando, acho que de forma intuitiva, eu perguntei a ele sobre o animismo.

– Eu ouvi você falar sobre animismo, Lonan, vi que você foi enfático ao falar sobre esse tema, e gostaria de saber o que você tem a nos dizer sobre isso. Você poderia nos explicar melhor o porquê disso ser tão importante para vocês?

– Sim, claro que sim. Você não gostaria de me ajudar, Lucas?

– Eu já falei um pouco sobre animismo com o Osmar, Lonan. Ele já sabe alguma coisa, mas acho muito interessante que um Guardião como você, fale mais sobre esse assunto.

– Eu também. – disse.

– Então, vamos a ele. Faça a sua pergunta, Osmar.

– O que é animismo, Lonan?

– Animismo é o ato de animar, de dar alma a algo. É muito comum nos centros espíritas em geral. O grande problema, Osmar, está na mistificação, pois é aí que, infelizmente, está a maioria das exteriorizações mediúnicas.

GUARDIÃO EXU

Devido à grande imperfeição moral da maioria dos médiuns, o fenômeno anímico é invadido pela mistificação dando lastro a quase tudo o que vocês conhecem de ritualística.

Nunca pedimos sacrifício, seja ele qual for... não pedimos oferendas, obrigações, ofertas... somos espíritos que já atingimos um certo grau evolutivo e, portanto, nada disso é necessário para estreitar a relação entre nós.

Para conseguir algo do qual necessita, basta pedir com fé e ter o merecimento, pois tudo é merecimento. Estamos onde estamos, porque através de milhares de expiações na carne e em outros planos, atingimos parte da perfeição solicitada pelo Criador de todas as coisas.

Somos espíritos milenares e estamos no Universo há muito tempo, tempo esse que, se disséssemos o tempo exato, certamente não haveria um período correto para a sua compreensão.

Nós somos uma divindade, e divindade não precisa de muita coisa para amparar, auxiliar, orientar e amar. Não existe moeda de troca entre o que você precisa e o que eu tenho para lhe oferecer.

Eu não posso interferir em seu livre-arbítrio, assim como você não consegue se conectar a mim sem a existência da fé. Se precisas de algo, busque no Universo e ele te dará.

Tudo o que você precisa para a sua experiência na Terra, está nos fluidos terrenos que estão à disposição de toda a criação. Conecte-se ao fluido cósmico universal e extraia dele tudo o que você precisa para viver e ser feliz.

OSMAR BARBOSA

– Eu creio muito nisso, pois sempre que preciso de algo, eu me conecto através da oração e do pensamento e, logo, aquilo que estou precisando, acontece.

– Tudo o que os espíritos precisam já foi criado, Osmar... não há mais nada a ser criado para a felicidade plena dos Seus filhos.

– Eu creio nisso, Lonan. Acho, inclusive, que os olhos não precisam ver o que o coração deseja, e que boa parte das manifestações, são exteriorizadas simplesmente para ganharem créditos com as informações que chegam através de vocês.

Eu, por exemplo, ouço os espíritos e estou aqui, agora, escrevendo tudo o que você está me dizendo, mas não preciso incorporá-lo para dar credibilidade a essa escrita.

– A maioria dos rituais, sejam iniciáticos ou sacerdócios, foram implementados através do animismo, pois o homem precisa ver para crer. Nós sequer participamos desses eventos, Osmar, nós não precisamos de nenhuma exteriorização anímica para nos aproximar de vocês.

– Nossa, eu preciso escrever isso.

– Muitas vezes, o médium está sob a influência anímica do espírito comunicante, mas, como disse, devido à imperfeição moral do médium, o que se vê é um amontoado de equívocos quanto a nós, os Guardiões Exus.

Não somos Diabos e, muito menos, Satanases. Nós não compactuamos com nada que seja ruim, não divulgamos

GUARDIÃO EXU

coisas ruins, não cobramos nada dos nossos médiuns, não estamos no Universo para impor nada, não administramos nenhum Inferno, como muitos dizem, não vivemos em regiões escuras ou que estejam em chamas etc.

Somos cocriadores junto ao nosso Pai, estamos no todo e o todo está em nós. Como já te disse, eu sou do tempo em que o tempo não existia, não existia o dia e nem a noite, não havia o claro e nem o escuro, não havia uma só alma expiando no orbe terreno.

– Certo. Mas o que seria o animismo em si, Lonan? Fale-nos mais sobre isso, por favor.

– O animismo, seguramente corresponde a mais de 99% das incorporações mediúnicas existentes sob o orbe terreno nos dias de hoje.

Somente 1% das manifestações mediúnicas são de comunicações diretas dos espíritos. Nenhum médium fica totalmente inconsciente, pois nós não conseguimos adentrar todo o corpo físico de um.

A incorporação é uma aproximação onde os dois espíritos utilizam o mesmo aparelho carnal para exteriorizar algo. O que o médium precisa fazer é expandir seu perispírito para que possamos nos aproximar o máximo possível dele e, assim, nos comunicar. Desta forma, todos os médiuns participam do fenômeno.

Para que a comunicação seja perfeita, e para que possamos nos expressar integralmente, o médium precisa afastar-se mentalmente do ato incorporativo. Apenas os médiuns moralmente elevados conseguem este feito.

– Meu Deus!

– Exato, Osmar, é Ele mesmo quem permite que tal fenômeno aconteça. Esse evento está dentro das Leis Naturais que regem o seu planeta.

– Quer dizer que todos os médiuns participam da manifestação das entidades?

– Das nossas e das manifestações de todos os outros espíritos que utilizam o aparelho fônico e o corpo físico do encarnado para se expressarem. É uma interação que só é fiel aos nossos propósitos, caso o médium seja de moral elevada, caso contrário, o pseudomédium acaba participando integralmente da comunicação e, muitas vezes, nós nos afastamos e deixamos o infeliz agir sozinho.

– Isso não mancha a imagem de vocês?

– Muito.

– E vocês não fazem nada?

– Não fazemos o mal, lembra? O que acontece e é mais comum do que você imagina, é que os bons médiuns se perdem nos labirintos do ego, da vaidade e da ganância. Se você quiser conhecer realmente uma pessoa, dê a ela três coisas.

– O que, Lonan?

– Prestígio, fama e dinheiro. Logo, ou você irá se alegrar, ou se decepcionar profundamente com essa pessoa e, infelizmente, a maioria não passa nesse teste. Com isso, nós nos afastamos e vamos à procura de outro médium, o qual resista a tudo isso e seja um verdadeiro portador das nossas mensagens, que permita as nossas comunicações.

– Infelizmente, acho que vocês não estão encontrando muita gente disposta a ajudar vocês nessa missão, não é?

– Verdade, mas se Ele não desistiu de nós, por que iríamos desistir de vocês? Hoje em dia, temos uma ferramenta que tem nos ajudado muito, Osmar.

– Qual?

– Os médiuns psicógrafos.

– Obrigado!

– De nada.

O animismo, Osmar, é uma mistura de duas energias, meu amigo, a sua e a minha. A combinação perfeita dessas energias possibilita um resultado muito positivo às casas espíritas, pois é essa energia que promove o bem comum e a estabilidade necessária para que as mensagens dos Orixás cheguem até vocês, resultando, assim, no equilíbrio terreno tão indispensável para uma vida feliz em seu planeta.

– Desde que comecei o meu trabalho de psicofonia, Lonan, eu sempre me coloquei e ainda me coloco à distância do meu mentor, seja ele quem for. Eu penso que esse assunto não é meu e, se não é meu, eu me afasto e não quero nem saber o que está acontecendo, pois confio muito em meus mentores.

– Continue assim e você os terá por perto por muito tempo.

– Muitas pessoas já me perguntaram se sou consciente ou inconsciente, e eu sempre respondo que sou consciente, mas, na verdade, parece mesmo que sou inconsciente, porque todas as vezes que me entrego à incorporação, me distancio de mim mesmo, permitindo, assim, uma incorporação perfeita. Não sei explicar como isso é feito, simplesmente acontece. Eu acho que são vocês quem forçam esse afastamento, é isso mesmo?

– Sim, nós intuímos o médium a se afastar para que possamos nos comunicar, mas como te disse, o que mais acontece, infelizmente, é que a vaidade, o ego, e a luxúria, aproximam o médium do aparelho, e isso nos afasta.

Muitas vezes, o médium faz isso, porque ele se sente nosso dono e não quer que outras pessoas usufruam dos momentos em que estamos incorporados, falando, ensinando, educando, e mostrando outras coisas, além daquelas que seus olhos estão acostumados a ver.

Outras vezes, o médium se sente importante, e não quer que falemos alguma coisa para alguém, assim, ele invade o nosso espaço e nos afasta da incorporação.

Esse é o motivo pelo qual vocês não devem nunca usar da incorporação para atender às pessoas que vocês conheçam bem, principalmente, os seus familiares.

Toda vez que vocês atenderem algum parente, esposa, filho, amigos íntimos etc., estando conosco, vocês serão tentados a nos afastar e fazerem o nosso serviço.

GUARDIÃO EXU

– "Casa de ferreiro, espeto de pau", Osmar. – disse Lucas.

– É verdade, meu amigo.

– O que vocês precisam saber é que esse processo de ajuste e afastamento é um processo natural das duas energias atuantes, e uma energia não toma totalmente o lugar da outra, pois dois corpos não habitam o mesmo espaço.

– Isso é física.

– É a Lei.

– Engraçado... conversando e aprendendo mais sobre isso com você, eu lembro das minhas incorporações, sabe, Lonan, eu vejo o que o meu mentor faz, ouço o que ele está dizendo, participo efetivamente de tudo, mas o mais engraçado disso tudo, é que quando ele vai embora, as conversas se misturam, o que ele fala com uma pessoa, para mim, parece que ele conversou com outra, os assuntos se misturam e eu fico perdido e sem entender nada... por que vocês fazem isso?

– Porque não interessa a você o que conversamos com as pessoas. Você não tem o direito de saber o que foi conversado, você é um voluntário do amor. Muitas das comunicações se perdem exatamente nesse momento, quando o médium, curioso, quer participar e saber da nossa comunicação e, com isso, a incorporação deixa de ser nossa e passa a ser do médium.

– É verdade. E como resolver isso?

– Procurando por médiuns que sejam sérios.

– Vocês fazem isso?

– Osmar, deixa eu te ensinar uma coisa, preste atenção.

– Sim, pois não.

– Há um ensinamento bíblico que deve ser observado por todos os envolvidos com os espíritos.

– Qual?

– Você pode me ajudar, Lucas?

– Sim, claro, meu amigo.

Lucas estava ao nosso lado, calado todo esse tempo, só ouvindo os ensinamentos de Lonan.

– Osmar, uma árvore boa não dá frutos ruins, uma árvore má não dá bons frutos. Porquanto cada árvore se conhece pelo seu fruto. Não se colhem figos dos espinheiros, nem se apanham uvas dos abrolhos.

– O que vocês querem me dizer com isso?

– Conheça toda a história do Centro Espírita. Observe a moral dos médiuns comunicantes, e se a Casa Espírita for abençoada, ela não vai parar de crescer... é séria e bem dirigida, tem a moral ilibada, com certeza, ali estaremos. – disse Lonan.

– Fica a dica para quem estiver lendo esse livro.

– Centro Espírita é perfume, Osmar... se for bom, fique e sinta o cheiro. – disse Lucas.

– Eu sempre digo isso para as pessoas, Lucas. Se o cheiro for bom e convidativo, fique.

GUARDIÃO EXU

– Osmar, um médium que não é tão bom, sabendo dos trejeitos do guia e tendo consciência do jeito que a entidade fala e se comporta, acaba, muitas vezes, deixando de lado o trabalho sério, tornando-se o anímico daquela comunicação.

O que vocês têm que aprender é que ser médium não é nenhum privilégio, que toda vez que você fingir ser eu, você se afastará de mim e, fazendo isso, vai acabar sozinho. E não afastará somente a mim, mas todos os outros espíritos que também poderiam estar utilizando o seu dom para a prática do bem e do amor ao próximo.

Vocês precisam ter mais paciência. Essa interação só é aperfeiçoada com o tempo, não adianta fingir que sou eu para ganhar prestígio, não adianta imitar um espírito, porque os espíritos são diferentes.

Ser médium é reconhecer-se como instrumento de luz, e por ser um instrumento de luz, deixe que te usem para tocar a mais linda melodia, deixe que os espíritos assumam o controle anímico da situação e, assim, trará como resultado, o amor. E só o amor é capaz de tornar o animismo algo bem positivo.

Tem de haver humildade, simplicidade, união de ideias e ideais, trabalho ao próximo e, principalmente, permitir com que trabalhemos para cumprir os nossos objetivos.

Vocês precisam de condução para evoluírem. Vocês ainda são imperfeitos, e não conseguirão atingir a perfeição se não houver ajuda.

Parem de colocar algo a mais nas incorporações. Sejam pacientes e esperem que nós os conduziremos para o que necessitamos e desejamos.

Sejam médiuns, sejam medianeiros, e não os senhores das comunicações. Vocês estão destruindo um trabalho antigo que foi colocado por nós no Universo.

Para que tudo aconteça perfeitamente, basta que você, médium, se entregue totalmente a nós e se afaste de nós nos momentos incorporativos.

Temos a capacidade moral e intelectual para estarmos nos planos físicos e nas casas espíritas, e não precisamos de rituais, mas, sim, de seriedade e amor.

Não precisamos de roupas especiais, e sim, da roupagem humana para nos comunicar. Não precisamos de cargos, pois o maior cargo já tem o Criador.

Tenha a coragem necessária para questionar o seu dirigente espiritual... brinque, converse, e entenda o que você está fazendo. O erro de um, pode destruir a boa vontade e o amor do outro.

Parem de mistificar incorporações importantes. Quem não sabe, nada tem a ensinar. Quem está perdido, acaba levando pessoas boas a se perderem também.

Vemos pessoas despreparadas nos imitando, promovendo supostas incorporações, mostrando o mau-caratismo delas, a fim de arrumarem dinheiro e fama... mas isso, vai fazer mal ao suposto médium em algum momento da sua existência.

Lembrem-se que todos vocês irão desencarnar, e terão que ajustar as contas da vida terrena.

Colhe-se aqui, tudo o que se faz aí...

Tenham mais consideração e respeito com as divindades, com os trabalhadores espirituais. Sejam honestos consigo mesmos, pois a vida não termina com a morte.

Aqui, todos serão responsabilizados pelos seus atos na vida terrena, acreditem nisso. Parem de pregar que acreditam na vida após a morte, e continuarem agindo como se ela não existisse.

Infelizmente, o que mais é visto nos Centros Espíritas são espíritas que não acreditam em espíritos. Que fingem ver, sentir e incorporar os espíritos, mas esquecem que um dia, a conta lhes será cobrada.

Não existe uma religião completa, porque tentamos completá-la, mas a imperfeição dos médiuns envolvidos, atrasou o que muito em breve irá acontecer.

– O que irá acontecer, Lonan?

– A fusão de todas as religiões, como você já sabe. E, nesse dia, vocês poderão ver que todas as suas lágrimas e os seus arrependimentos não serão suficientes para reparar todos os erros e as falhas cometidas durante a encarnação. Mediunidade é uma coisa muito séria, e seriamente deve ser exercida e trabalhada.

– Sim, eu concordo plenamente com você, Lonan. Todos precisam se preparar para a Nova Era, além, é claro, de respeitarem o dom mediúnico. Eu te digo, seguramente, que a maioria das pessoas envolvidas com a espiritualidade não acredita em espíritos, pois se acreditasse não deixaria chegar aonde chegamos.

Tenho pena desses falsos médiuns, falsos dirigentes, enganadores da fé alheia.

– Todos terão que ajustar suas contas, Osmar.

– A Nova Era bate à porta.

– Isso mesmo, dentro de pouco tempo não haverá mais tantas religiões, e sim, uma religião unificada.

– Falta muito para isso acontecer, Lonan?

– O que é "muito" para um espírito eterno, Osmar?

– Nada.

– Esse é o tempo que falta...

– Eu vou te dizer uma coisa, se me permitir...

– Estamos em comunhão espiritual, pode dizer.

– Desde que o Caboclo Ventania incorporou em mim pela primeira vez, eu sempre me afastei dele no momento das incorporações, permitindo que ele seja, de fato, o espírito comunicante. Quando isso acontece, eu me recolho em um lugar muito parecido com a Colônia Espiritual Amor e Caridade e, o mais engraçado, é que eu sou médium há mais de 40 anos, e sempre vou para o mesmo lugar. Você saberia me explicar o porquê disso?

– É o local que você mesmo escolheu para não atrapalhar o momento das comunicações que são feitas através de

GUARDIÃO EXU

você. É o seu cantinho da concentração, e todos deveriam ter esse cantinho, pois ele é muito útil para nós.

– Sempre que eu volto de um trabalho mediúnico de psicofonia, eu esqueço tudo o que aconteceu durante os atendimentos. Eu sei que eles aconteceram, mas como disse, não sei o que foi conversado, pois as conversas ficam embaralhadas.

– É o seu mentor quem faz isso, pois ele tem tanto domínio do processo anímico, que consegue fazer com que você participe o menos possível durante o transe. Isso é o ideal para nós.

– Você não consegue fazer isso com os seus médiuns?

– Eu não posso mudar você, se você não quiser e não permitir. Nenhum espírito tem total domínio sob o outro sem a permissão e a vontade dele.

– Isso quer dizer que os Exus e as entidades não impõem a vontade deles sob seus médiuns?

– Sob nenhum médium. Qual foi a parte que você não entendeu de que somos divindades?

– Perdoe-me, Lonan.

– Não, não é questão de perdão, e sim, de entendimento. Orixá, Osmar, é DIVINDADE. Você sabe o significado de divindade?

– Um Deus?

– Osmar, tudo o que tiver a característica ou o estado de divino, sagrado, e que provier de Deus, é e sempre será divindade. Portanto, nós somos divinos, porque viemos de Deus, fomos criados por Deus. Você sabia que você é um ser divino?

– Sim, se procedo de um Deus, certamente sou uma criatura divina.

– Todos nós somos divinos. O que nos difere neste momento, Osmar, é que eu já alcancei a divindade, assim como muitos outros espíritos também já alcançaram a divindade, e estão no Universo para dar auxílio aos nossos irmãos, ainda ignorantes, a se reconhecerem como espíritos divinos. Nós os orientamos a promoverem neles, as modificações que nós já fizemos para nos tornarmos divinos, e reforço que, para isso, não exigimos nenhuma oferta em troca, não precisamos de sacrifícios, muito menos, os que sacrificam vidas, sejam elas quais forem. Tudo o que vocês chamam de ritual e sacrifício é considerado animismo. Você compreende?

– Sim, e é de dentro de nós mesmos que sai tudo isso. É a nossa necessidade de ver para crer, é a nossa imperfeição se exteriorizando em todos os lugares, são as nossas memórias boas e ruins sendo expressadas.

– Exatamente isso, meu jovem, é isso mesmo. O animismo é você ter que fazer coisas que você precisa para que você acredite em você mesmo, para que o seu lado obscuro tome forma e se sobressaia aos demais irmãos.

Assim, tudo fica confuso, perdido, mal-orientado e desenganado. E nós não temos mais o que dizer...

GUARDIÃO EXU

Precisamos agir e mostrar para todos vocês que é através do estudo, das modificações interiores, e da busca pelo intelecto espiritual, que vocês se aproximarão cada vez mais de nós. Para estar em contato conosco, vocês não precisam de rituais, oferendas, matanças, ofertas, velas, incensos, nem nada que seja tão costumeiro dos dias atuais.

Para estar em contato conosco, modifiquem-se, amem, construam pontes entre seus nobres sentimentos, amparem, auxiliem, amem incondicionalmente, pois fazendo isso, vocês irão nos atrair, e tenham a certeza de que não há companhia melhor para a expiação na carne.

Lembrem-se, nós somos os guardiões, os mensageiros... tudo o que chega até você, antes passa por mim, ou é permitido por mim. Tudo o que entra e sai do seu plano, passa por mim.

Eu sou Exu, eu sou Guardião, eu sou luz e não escuridão.

Para finalizar, saibam que estamos em planos espirituais e vibratórios diferentes, pois até um obsessor para atuar em sua vida, precisa da nossa permissão, precisa passar por nossos caminhos. Então, se você está sofrendo uma obsessão é porque está muito distante de nós, e está em sintonia com toda a espécie de maldade existente na raça humana.

Nada acontece sem que Exu saiba...

Nada acontece sem que Exu permita...

Nenhuma mensagem chega até vocês sem que nós, os Exus, autorizemos. Estamos há muito tempo no Universo, somos os senhores da informação, da notícia, da mensagem, dos caminhos e do tempo.

– Nossa, que aula, Lonan, que aula. Obrigado por tudo isso...

– Nós é quem agradecemos a você pela oportunidade de levar esses esclarecimentos a tantas pessoas. Vocês precisam de mais esclarecimentos. Vocês vivem na materialidade e acham que comprando isso ou aquilo, ou que doando isso ou aquilo para nós, todos os seus problemas estarão resolvidos. Nós não temos permissão para interferir nas colheitas, portanto, se vocês têm problemas, mudem o caminho, mudem o plantio. Se estão infelizes, é porque vocês não têm coragem suficiente para mudar. São livres... lembrem-se sempre disso.

– Eu não tenho nada a reclamar dessa vida, meu amigo. Colho algumas tristezas e decepções, mas creio que isso seja do meu processo evolutivo. Se Ele que aqui esteve, e até hoje ainda há pessoas que não acreditam e não gostam d'Ele, o que dizer desse pobre espírito como o meu?

– Reconheça-se como espírito eterno, que espia para ser melhor, e todos os seus dramas serão meros acontecimentos evolutivos.

– Certamente, é isso mesmo o que temos de fazer.

– Eu vou pedir ao Lucas para que deixe você ficar alguns dias ao meu lado, pois eu quero te mostrar a maneira como trabalhamos, o que fazemos etc., pode ser, Lucas?

GUARDIÃO EXU

– Ele é quem decide, meu amigo.

– Eu?

– Sim, como dito anteriormente, és livre.

– Pode contar comigo, Lonan. Estarei ao seu lado o tempo necessário, o tempo que quiser.

– Encerramos por aqui o nosso encontro. Em breve, pedirei ao Lucas que o traga até aqui, para que você possa me acompanhar naquilo que Exu faz na Terra.

– Será uma honra, um prazer.

– Agora, volte a sua vida e, em breve, nos encontraremos.

Naquele momento, Lucas levantou-se rapidamente, como se me convidasse a sair da linda sala de Lonan. Pusemo-nos de pé, cumprimentamos o nobre Guardião e saímos.

Voltei para a minha humilde vida mediúnica, certo de que temos muito a aprender com os Exus. Espero que o restante do conteúdo dessa psicografia seja tão grandioso como o do início.

Que sabedoria...

Que aula...

> **"**
> *Quando achares que sabe tudo, nada sabes sobre você.*
> **"**
>
> *Lucas*

O reencontro

Na manhã seguinte, bem cedo, Lucas me procurou para me levar ao encontro de Lonan.

– Bom dia, Osmar!

– Bom dia, Lucas!

– Vamos?

– Você acordou cedo hoje.

– Não preciso dormir, Osmar. Você não está pronto para ir?

– Estou, desculpe-me, eu só estava brincando com você.

– Sem problema, podemos ir?

– Sim.

Naquele momento, em desdobramento, segui o Lucas até o Reino de Lonan.

Ao chegarmos, ele já nos esperava.

– Bom dia, Osmar!

– Bom dia, Lonan.

– Vamos?

– Sim, estou pronto para relatar tudo.

– Então, venha, vamos caminhar pelo meu Reino.

– Certo.

Saímos do grande prédio e pusemo-nos a caminhar em uma larga alameda que cortava toda a Colônia. O Lucas estava ao nosso lado, calado. Estranhei por ele estar assim, mas aprendi a respeitar o humor dos espíritos, afinal, eles têm milhares de motivos para agirem diferentemente de nós.

Havia vários prédios, como relatei anteriormente. Eu pude ver espaços jardinados, parques floridos e muitos espíritos que caminhavam por ali.

Todos cumprimentavam Lonan com um gesto corporal, e eles quase se curvavam diante de um espírito de grandeza espiritual tão aparente.

Lonan é um Guardião alto, moreno de cabelos longos, olhos castanhos, corpo atlético e, como eu disse previamente, ele realmente é um espírito muito bonito.

Ele usava uma roupa que lhe cobria todo o corpo, destacando uma silhueta musculosa e saudável. Carregava em uma das mãos, um cajado na cor vermelha com algumas pedras verdes as quais o decoravam.

– Essa é a minha cidade, Osmar, aliás, essa é a cidade que está sob o meu comando por ora. Eu não tenho nada, assim como todos nós, o que temos são oportunidades evolutivas e devemos aproveitá-las o máximo possível.

– Você está aqui há muito tempo, Lonan?

– A vida na Terra surgiu na África e, desde que a vida surgiu, eu estou aqui.

– Mas, você me disse que está aqui desde a criação...

– Sim, estamos aqui desde a criação, mas quando a vida surgiu tivemos que nos organizar, e foi nessa época que ganhamos os nossos Reinos.

– Quantos Reinos vocês têm?

– Sete Reinos, sendo que essa organização é oriunda das organizações tribais de Reinos antigos que existiam na África. Temos outros que, infelizmente, vocês ainda não estão preparados para saber.

– E quais são esses Reinos?

– Reino das encruzilhadas, por exemplo, o qual é chefiado por um Exu como eu, juntamente com sua esposa e seus filhos, assim como é feito em todos os outros Reinos.

– Você tem esposa e filhos?

– Sim, e eles me ajudam a administrar tudo isso aqui.

– Eu não os vi.

– Eles estão muito ocupados.

– Certo, mas quem são eles?

– Pombagira e mirins, assim vocês os chamam.

– Entendi.

– O segundo Reino é o Reino dos cruzeiros, o terceiro é o Reino das matas, o quarto é o do cemitério, o quinto Reino é o das almas, o sexto Reino é o da lira e, por fim, tem o Reino da praia.

– E qual é a função desses Reinos?

– Permitir que tudo seja cumprido. Levar as mensagens dos Orixás a todos os cantos da Terra e, finalmente, manter o equilíbrio. É para isso que estamos no Universo, Osmar, para manter o equilíbrio.

– E o seu Reino, qual é a função dele dentro desse organograma de Reinos?

– O meu Reino é o Reino da administração. Como te disse, eu sou o Orixá do caminho, estou nesse cargo há bastante tempo, e tudo e todos que desejarem caminhar na evolução, antes, passarão por esse Reino. Como você pôde ver, essa Colônia é bastante povoada, temos aqui, hoje, mais de sessenta mil espíritos transitando pelas avenidas evolutivas dos ministérios de Exus.

São espíritos que se voluntariam para trabalhar ao nosso lado.

– Todos esses sessenta mil são voluntários?

– Sim, pois precisamos de arquétipos para nos representar nos terreiros e nos caminhos do plano terreno.

– Você poderia explicar melhor isso?

– Sim. Para que possamos estar em vários lugares ao mesmo tempo, é necessário ter vários espíritos com o mesmo nome, assim, o Exu Lonan poderá estar em vários locais e ser representado pelos meus arquétipos, ou seja, pela minha falange, como vocês nos conhecem.

– Entendi. Quer dizer que você estará em um lugar e um outro espírito estará em um outro lugar, mas usando o seu nome, representando você.

– Isso mesmo.

– Mas, vocês não precisam dizer a mesma coisa, não é? Digo, uma mensagem que você queira passar ou uma resposta que você tenha que dar a alguém, ela não tem que ser igual para todas as pessoas, certo?

– É por isso que eles estão aqui. É aqui que conhecemos uns aos outros e entramos em sintonia, e é através dessa sintonia que todos dizem a mesma coisa quando é necessário. Toda essa comunicação é feita por telepatia, desta forma, caso um arquétipo esteja em algum lugar e precise de ajuda, ele pode pedir por informações telepaticamente.

Na verdade, há uma grande equipe por trás de toda manifestação realizada no plano terreno, pois o espírito comunicante, o qual está incorporado, precisa de informações sobre o consulente que está a sua frente, e é nessa hora que os arquétipos que estão nos reinos, transmitem as informações solicitadas.

– A famosa vidência?

– Isso. Na realidade, nós mostramos as informações que foram solicitadas pelo espírito através de uma tela fluídica, assim, a comunicação fica perfeita e atende ao nosso propósito espiritual. Há uma harmonia espiritual entre todos os que trabalham com o meu nome e, claro, uma supervisão também.

Osmar, nós somos mensageiros e não podemos criar dúvidas. O nosso trabalho é o de levar mensagens edificantes a todos vocês, e caso você veja alguma coisa diferente disso, pode saber que não somos nós, e sim, animismo, como já te mostramos neste livro.

– Nossa, então só existe animismo na Terra.

– Boa parte é animismo, mas têm lugares que, nos apresentar, ainda vale a pena.

– E, hoje em dia, vocês estão trabalhando na Terra?

– Sempre estivemos. Desde que a Terra foi povoada, nós estamos trabalhando para o equilíbrio de tudo, além de levar as mensagens necessárias à evolução dos povos terrenos.

– Então, posso afirmar que você é muito antigo.

– Você também.

– Não tinha pensado nisso.

– Estamos no Universo há muito tempo, Osmar, o problema é que o desprezo às centenas de mensagens como essa, vos atrasa muito. Não sou o primeiro mensageiro e nem serei o último. Vocês ainda precisam de muitos ensinamentos, muitos livros, muitas mensagens, muitas informações...

– Realmente é lamentável o que tem acontecido nos dias atuais em nosso planeta.

– Não se preocupe, pois está tudo planejado. Agora, venha, vamos entrar nesse lugar.

A nossa direita, havia um prédio pequeno, com apenas uma porta e uma janela. Ele era da cor verde, e eu pude ler na placa fixada a ele: Revelação.

– Que prédio é esse, Lonan?

– O prédio da Revelação.

– Qual é a função dele aqui no Reino?

– Conscientizar os espíritos e prepará-los para o trabalho terreno.

– Como assim?

– Você vai ver, venha.

Entramos no pequeno lugar e nos dirigimos a um pequeno salão onde estavam cerca de cinquenta espíritos sentados em um auditório em círculo.

No centro, eu pude ver uma mulher muito bonita, e ela parecia dar uma aula para todos que estavam ali. Evitamos fazer barulho e, como havia várias cadeiras vazias, nos sentamos em duas delas bem ao fundo. Acho que a capacidade daquele lugar era de uns 150 lugares.

Foi quando Lonan olhou na minha direção e, com o dedo indicador sobre os lábios, recomendou a mim, silêncio total. Com um gesto de cabeça eu respondi a ele que havia entendido sua solicitação.

A mulher dizia:

"Nosso trabalho é tornar tudo possível. Temos nossas limitações e devemos respeitá-las.

Somos os emissários dos Orixás.

Orixá não sai do seu Reino para levar ordens e orientações ao plano terreno. Somos os mensageiros...

Somos nós os mensageiros e devemos respeito às palavras dos Orixás, não podemos modificá-las.

GUARDIÃO EXU

Temos que nos conscientizar do que realmente somos. Há uma administração em toda a criação, e fazemos parte dela com muito orgulho, dedicação e amor.

Vocês estão preparados e conscientes do que precisa ser feito. Amanhã será o início de mais uma jornada evolutiva para todos vocês. Não percam essa oportunidade por nada, agarrem-na com todas as forças. Superem-se, modifiquem--se, transformem-se.

Não desperdicem essa chance em hipótese alguma. Vocês passaram por todas as etapas necessárias para serem Guardiões.

O mal não nos representa.

A tristeza não nos representa.

O atraso não nos representa.

Somos a oportunidade para todos os que queiram e desejam trabalhar no bem comum.

Não privilegiamos ninguém.

Não julgamos ninguém.

Não condenamos ninguém.

Não trabalhamos na desordem espiritual, e sim, no amor ao próximo.

Somos Exus... somos os Guardiões."

Naquele momento, todos se levantaram e aplaudiram a mulher com alegria e fervor.

Eu pude ver quando vários espíritos se propuseram a trabalhar como Exus para a prática do bem e do amor ao próximo.

Eles se abraçavam... eram rapazes, moças, homens, mulheres... todos estavam muito felizes.

Era uma alegria contagiante.

A mulher percebeu a nossa presença e convidou Lonan para ir até a frente. Ela estava falando com um gesto cordial de mãos, e nos chamou para perto da mesa em que ela estava.

– Venha, Osmar. – disse Lonan, se levantando e se dirigindo à frente do lugar.

"Meu Deus, o que eu faço agora?" – pensei envergonhado.

Levantei-me e segui Lonan até a parte principal da sala. Todos olhavam para nós e sorriam, admirados com a nossa presença.

Lonan chegou logo à frente, e abraçou a mulher lhe cumprimentando.

– Parabéns, Raissa!

Ela, sorrindo, o abraçou de volta.

– Meus amigos, alunos, Guardiões. Termina aqui a preparação para que vocês possam descer aos planos terrenos para nos representar.

Nada foi e nem será fácil daqui por diante, mas os conhecimentos adquiridos durante toda a preparação, agora serão postos em prática.

Lembrem-se que nossa função, missão e desejo, será sempre o bem comum. Não estamos no Universo para atrapalhar ou para atrasar a evolução dos nossos irmãos encarnados.

GUARDIÃO EXU

Exu é Guardião, Exu significa "esfera", como todos sabem. Somos o movimento, a notícia, a mensagem. Portanto, façam valer a existência de vocês.

Sejam portadores do amor...

Sejam o instrumento eficaz evolutivo...

Jamais esqueçam suas origens e seus antepassados que os trouxeram até aqui...

Sois o mais humano dos Orixás, portanto sejais humano em suas palavras, em suas atitudes e em seu amor...

Nunca se esqueçam... somos a luz do Mundo...

Laroyê Exu... Exu é Mojubá...

Naquele instante, Lonan foi saudado com palmas e gritos de euforia e satisfação.

E eu estava ali, ao lado de mais de cinquenta Exus, todos felizes com aquele dia.

Após cumprimentar todos os formandos – se assim posso dizer –, Lonan se dirigiu até mim, trazendo pelas mãos, a linda Raissa.

– Osmar, essa é a Raissa.

Estendi a minha mão direita para cumprimentar a jovem.

Raissa é morena de pele clara, têm olhos castanho-claros e mede, aproximadamente, um metro e setenta e cinco, mas o que eu mais admirei nela foram seus dentes perfeitos e brancos.

– Muito prazer, Osmar!

– Eu é que fico muito feliz em te conhecer.

98

– Espero que tenha gostado da nossa última aula.

– Eu fiquei, na verdade, muito curioso com o que vi aqui.

– O que houve? O que você não entendeu?

– Alunos? Formandos?

– Todos os Exus passam por estudo e preparação. Estamos no Universo para manter o equilíbrio, sendo assim, não podemos ter representantes despreparados ou mensageiros desorientados.

– Eu nunca imaginei que isso fosse possível.

– Isso, o quê?

– Espíritos se preparando para serem Exus.

– Há uma preparação necessária a todos os espíritos que estejam programados para descerem aos planos terrenos, com o objetivo de representarem outros espíritos. Nada está ao acaso, Osmar.

– Sim, eu já vi em outras Colônias que quando os espíritos desejam trabalhar em centros espíritas, eles precisam passar por uma preparação antes.

– Aqui não é diferente. Sabe qual é o seu problema, Osmar?

– Acho que sim.

– Me diga, então.

– Não estamos acostumados a ver os espíritos manifestarem-se em casas espíritas terrenas, na verdade, após tudo o que o Lonan me falou sobre animismo, eu acho que 90% dos centros espíritas terrenos foram invadidos por incorporações anímicas.

GUARDIÃO EXU

– Todas as incorporações são anímicas, Osmar, o que difere uma incorporação da outra é o caráter do médium. – disse Raissa, olhando fixamente para mim.

– Sim, o Lonan me explicou sobre isso.

– Ter caráter ou não, não é indicativo para desistirmos de enviar mensageiros até vocês.

– Continuaremos a fazer isso por tempo indeterminado, Osmar. – disse Lonan, entrando na nossa conversa.

– Somos muito imperfeitos mesmo.

– Um dia todos despertarão, cremos nisso. – disse a jovem, sorrindo para mim.

– Eu já perdi a conta de quantas turmas foram formadas pela Raissa... essa menina é genial, Osmar.

– Você faz isso há muito tempo, Raissa?

– Desde que deixei de trabalhar nos planos terrenos.

– Na verdade, ela foi promovida por merecimento, Osmar.

– Evoluiu?

– Sim, a Raissa deu um importante passo em sua caminhada espiritual. Todos devem ter a consciência de que transformando a si mesmo é que será possível alcançar algo na caminhada evolutiva. Há a necessidade dessa transformação a todo momento, portanto, não recomendamos que os espíritos estacionem, pois tudo o que para, cria mofo, gera ferrugem e se desintegra com o tempo. Somos espíritos, estamos espíritos, e somente a evolução é capaz de nos modificar, e ela é pessoal e intransferível.

– Agradeço muito a vocês e, principalmente, a Deus por essa oportunidade. Obrigado, meus amigos!

– Nós é quem agradecemos a você por estar aqui conosco. Agora, vamos, pois eu quero te mostrar mais uma coisa.

Raissa aproximou-se de mim e me abraçou, e eu pude sentir a energia revigorante daquela Guardiã dentro de mim. Aquele abraço me fez muito bem.

Fiquei feliz demais e deixei o lugar ao lado de Lonan, mas não antes de cumprimentarmos todos os formandos que, felizes, sorriam para o grande Guardião.

Ao chegarmos do lado de fora do prédio, Lonan parou e ficou olhando para o horizonte, como se pensasse qual seria o próximo passo a darmos ou para onde iria me levar...

– Está tudo bem, Lonan?

– Sim, só estou decidindo para onde te levar agora.

– Fique à vontade, posso ir aonde você desejar.

– Não é bem assim que as coisas funcionam nos Reinos, Osmar.

– Teremos alguma dificuldade para irmos a outro lugar?

– Eu não, mas você sim... vamos fazer assim, vá para a sua casa e descanse. Sei que estou consumindo muito a sua energia, pois estar ao meu lado despende muita energia do médium, portanto, vá para casa e eu te aviso quando voltar. O Lucas trará você para cá novamente.

– Sem problema, Lonan. Eu posso só te dizer uma coisa?

– Sim, diga.

GUARDIÃO EXU

– A minha esposa comentou comigo que realmente eu estou diferente, estou mais abatido, e fiquei assim quando comecei a escrever esse livro. Por que é que isso acontece?

– Estamos em planos diferentes, em lugares diferentes, em campos energéticos diferentes, por isso, o seu corpo físico que está habituado a um tipo de energia, repele as energias que você, sem perceber, condensa ao estar desdobrado. Isso gera no médium, um cansaço que é percebido pelas pessoas do seu convívio, pois são modificações fracionais que podem ser percebidas por quem vive ao seu lado e presta atenção em você.

– Isso me faz mal?

– Não fazemos mal a ninguém, Osmar, só estamos em lugares diferentes, lidando com energias diferentes, como disse.

– *Ok*, vou seguir o seu conselho e descansar até que o Lucas vá me buscar novamente.

– Eu vou te esperar e vou te levar a todos os Reinos de Exu.

– Será uma honra para mim visitar os seus Reinos.

– Vá descansar! Eu te aviso quando for o dia certo.

– Obrigado, Lonan!

– Até breve, Osmar!

Voltei ao meu cotidiano realmente muito cansado, mas feliz por estar ao lado desse iluminado Guardião.

Ansioso, esperei por mais alguns dias até que o Lucas novamente procurou por mim.

> "
> *Quando nos compreendemos como espíritos eternos que somos, muita coisa muda dentro de nós.*
> "
>
> *Osmar Barbosa*

OSMAR BARBOSA

Reino das encruzilhadas

Era sábado pela manhã. Aquele foi um dos raros dias em que acordei tarde, eram 9h30 quando o Lucas me chamou.

A minha esposa havia saído cedo para ministrar um curso.

Minha caçula dormia muito cansada, pois no dia anterior havíamos comemorado os seus 21 anos.

Lucas me acordou com a seguinte frase:

– Vamos escrever?

– Bom dia, Lucas! Vamos sim, vou me preparar.

– Vou para o seu escritório e estarei lá te esperando. – disse o mentor.

– Certo. Vou lavar o rosto, tomar um café rapidamente e já te encontro por lá.

– Não demore, por favor.

– Pode deixar.

Apressado, levantei-me, lavei o rosto, tomei um rápido café, e segui para o meu escritório, local onde faço as psicografias. Ele fica a 100 m de distância da minha casa, é muito perto.

Ao chegar na sala, reparei que o Lucas estava sentado em uma cadeira que sempre deixo ao meu lado para as visitas espirituais.

105

GUARDIÃO EXU

– Oi, Lucas.

– O Lonan está nos esperando, Osmar, precisamos ser rápidos.

– Sim, só vou pegar os papéis e já vamos.

Preparei tudo e, em desdobramento e ao lado de Lucas, chegamos ao Reino de Lonan.

Fomos recebidos por ele na escadaria de um prédio de cor violeta.

– Bom dia, Osmar!

– Bom dia, Lonan!

– Como vai, Lucas?

– Estou bem, meu amigo.

– Você está pronto para visitar o primeiro Reino, Osmar?

– Sim, Lonan.

– Então, venha, vamos entrar.

Caminhamos em direção à porta que se abriu sozinha. Entramos e, mais uma vez, eu me surpreendi com a beleza arquitetônica e com a decoração do lugar.

O interior do prédio, que era muito grande, era também todo pintado por artistas muito competentes, com diversas gravuras e pinturas nas paredes.

Eu pude ver as catorze estações da Via-sacra de Nosso Senhor Jesus Cristo, e elas estavam relatadas nas pinturas e nas estátuas expostas no local. Eram obras fidedignas ao que Jesus passou até chegar ao monte onde foi crucificado.

Era um caminho estreito pelo qual percorríamos dentro daquele lindo prédio violeta. Eu via o céu azul sobre nós e parecia que tínhamos entrado em outro lugar, em uma cidade antiga.

Assustei-me com aquela perfeição.

Confesso que eu vejo coisas que são até difíceis de explicar, não encontro as palavras certas para transmitir a vocês toda a beleza e a perfeição dos lugares aos quais eu visito nas cidades espirituais.

Lonan caminhava a nossa frente, e eu o seguia ao lado de Lucas, foi quando, de repente, ele parou justamente na primeira pintura.

– Osmar, esse é o Reino das encruzilhadas. Em todos os Reinos existe um Guardião-chefe, e é ele o responsável por este Reino. Normalmente, o Guardião reina ao lado de suas esposas e filhos, como já te falei.

Ao nos aperfeiçoarmos, não é possível que cheguemos a esse estado espiritual estando sozinhos. Sua companheira atual não deixa de ser sua companheira quando você para de encarnar; seus filhos de hoje não deixam de ser seus filhos simplesmente porque você não encarna mais. Nenhum espírito evolui sozinho, todos evoluem em grupos e, em grupos, seguirão por toda a eternidade.

A função desse Reino é controlar, vigiar e abrir os caminhos para todos os que, por merecimento ou necessidade, solicitem circular por dimensões terrenas que estejam em planos vibracionais diferentes. É através desses caminhos que todos vocês precisam passar para atingirem a tão sonhada perfeição.

GUARDIÃO EXU

Nenhum espírito evolui sem passar por todas as estações evolutivas às quais irei te mostrar agora de forma simplificada, pois só com esse Reino já daria para você escrever uns três livros, aliás, todos os Reinos pelos quais eu for te levar, mostrarei tudo a você de forma resumida, pode ser?

– Sim, Lonan, sem problema.

– Vê essa pintura? – disse ele, apontando para a parede.

– Sim, essa é a primeira estação evolutiva de todos os espíritos encarnados. Eu vi que a pintura era, na verdade, um retrato do julgamento de Jesus, de quando Ele foi condenado, onde o povo escolheu soltar Barrabás. Foi no momento da condenação de Jesus.

Meu coração, emocionado, não conteve uma lágrima de tristeza ao ver nitidamente a minha frente, o julgamento e a condenação de nosso irmão inocente.

– Essa estação, Osmar, é o julgamento. Enquanto vocês não aprenderem a não julgar para não serem julgados, esse caminho estará fechado.

O Ser encarnado precisa aprender que ao julgar alguém, ele dará a esse alguém, o mesmo direito, pois o Criador é justo em toda a criação.

Alguns de vocês julgam, antes mesmo de saberem sobre o que lhes é apresentado, e pior, condenam à morte moral aqueles que sequer conhecem.

As estradas da justiça só se abrem para aqueles que julgam através do perdão, e que se utilizam do amor ao outro, sempre que são postos à prova, à prova da condenação.

Aqui, você se vê diante de si mesmo. Um dia, todos serão julgados por seus atos e atitudes, e Ele usa a reencarnação como oportunidade de refazimento do caminho.

Lembre-se sempre que é expiando e aperfeiçoando a si mesmo que todo espírito atingirá o objetivo espiritual. Nunca condenes, porque aquele que condenar, será condenado, aquele que perdoar, será perdoado, e aquele que amar, será amado.

– Eu estou impressionado com o que você está me mostrando, Lonan, obrigado por essa oportunidade!

– Merecimento, Osmar, é sempre merecimento...

– Venha, vamos para a segunda estação.

– Sim.

Caminhamos por mais um tempo, até chegarmos à pintura da segunda estação.

Quando a vi, chorei novamente...

Nela estava retratado o meu amado irmão Jesus, recebendo dos soldados romanos, uma pesada cruz.

Lonan e Lucas estavam ao meu lado.

Inteligentemente, Lonan esperou que eu secasse as minhas lágrimas para começar a falar.

Após algum tempo...

– Essa é a cruz que todos vocês devem carregar para depurar as imperfeições adquiridas nas oportunidades desperdiçadas. Até que vocês consigam vencer a todas as imperfeições de vocês, essa estrada ficará fechada para todos

GUARDIÃO EXU

os espíritos que dela precisarem com o objetivo de passar para as próximas estações.

Carregue a sua cruz, como fez Jesus.

Não reclame dos problemas.

Não lamente pelas dores temporárias.

Não reclame das separações, pois elas também são temporárias, e não há punição para aqueles que morrem na carne e renascem na vida espiritual.

Todos estão em provas e expiação, e nem o mais rico, o "mais perfeito" ou o mais feliz, estão imunes às dores do aperfeiçoamento.

A sua cruz não pode ser carregada por outro, assim como você não pode carregar a cruz de ninguém. Seus filhos têm as cruzes deles, quem você mais ama, também tem sua própria cruz, e o peso da cruz depende do carma a expiar.

Um dia, todos entregarão suas cruzes no monte, onde irão ascender ao céu da felicidade em definitivo, com a alma leve e melhor do que antes.

Sigam sempre o exemplo d'Ele, que carregou sua cruz até o último minuto e entregou-se, definitivamente, ao seu destino espiritual, pois o material encerrava-se naquele dia.

Todos precisam se compreender como espíritos que estão em busca da perfeição. A sua perfeição, não tem o mesmo prazo que a minha.

Somos diferentes, somos únicos e eternos.

Temos a eternidade para carregarmos a nossa cruz, por isso, devemos compreender e aceitar que nada está ao aca-

OSMAR BARBOSA

so. Se a sua cruz é mais pesada que a do outro, agradeça, pois pela experiência que temos aqui, quanto mais pesada for a cruz, mais perto estará o destino de entrega definitiva de suas encarnações.

Cada um carrega aquilo que constrói... escreva isso.

– Está escrito, Lonan.

– Venha, vamos para a próxima estação.

Caminhávamos por aquela linda estrada, ou melhor, por aquele caminho. Eu via os prédios ao redor, as choupanas ao longe, e as figueiras e oliveiras que enfeitavam o caminho pelo qual eu podia aprender com Lonan a cada estação. Meu coração estava nas mãos. Eu carregava sentimentos de gratidão que eram exteriorizados em emoções que, agora, ficam difíceis de explicar.

Lonan ia à frente, e eu olhava para ele muito admirado com a sabedoria e a perfeição daquele Guardião amigo. "Como podem fazer o que fazem com os Exus?"... eu pensava... "eles não merecem nada disso".

Chegamos, finalmente, à terceira estação.

Eu vi, pintada na parede, a imagem de Jesus caído ao chão e os soldados romanos chicoteando-o para que Ele levantasse dali e seguisse em frente. Seu corpo sangrando, Seu rosto suado... eu vi na face do Messias, a dor e o sofrimento impostos a Ele pela ignorância e pela ganância humana.

A pintura, tão realista, me emocionava...

GUARDIÃO EXU

– Gostou dessa pintura, Osmar?

– Estou emocionado, Lonan.

– Aqui, é a parte do caminho em que todos vocês devem saber que não há uma estrada reta. Todas as estradas evolutivas têm curvas, subidas, decidas e, às vezes, são quase intransitáveis, pois a sujeira e a lama os impedem de passar. O que lhes leva por uma estrada reta, suave e feliz, são as atitudes diárias para com a caridade e o amor ao próximo.

– Quando a dor do outro não te fere, você é o paciente, Osmar. – disse Lucas, entrando pela primeira vez na conversa.

– O Daniel sempre me diz isso, Lucas.

– A caridade é a moeda redentora dos espíritos em expiação. Todas as vezes que você der a mão a alguém que cai, você estará, na verdade, abrindo essa estrada para a sua própria evolução, pois aquele que dá, recebe, o que auxilia, é auxiliado, quem ampara, é amparado, aquele que alimenta, é alimentado, o que veste, é vestido, e quem ama, é amado.

Tudo o que você fizer pelo outro, refletirá em você. Ele, que tudo sabe e tudo vê, não esquece de atender aos anseios de seus filhos em evolução, principalmente, àqueles que já compreenderam que o amor e a caridade são os únicos caminhos que libertam o espírito das mazelas encarnacionistas.

112

A encarnação não é uma punição, como muitos pensam ou dizem, a encarnação é a oportunidade de caminhar novamente ao lado de seus pares, para juntos alcançarem novas diretrizes da evolução.

Ninguém evolui sozinho, ninguém está sozinho... todos vocês estão acompanhados por diversos espíritos amigos os quais anseiam pela sua elevação moral e espiritual. Há muitas moradas na casa do nosso Pai, como o próprio Jesus vos falou.

Venha, Osmar, vamos para a quarta estação.

Imediatamente, partimos por aquela linda estrada que, a cada estação, preenchia o meu peito de conhecimento e alegria.

Lucas estava ao meu lado e perguntou:

– Você está entendendo tudo, Osmar?

– Sim, Lucas, e confesso que estou emocionado e feliz por poder passar esses ensinamentos adiante. Que grandeza a do Lonan, como ele é bom e gentil, e eu fico só imaginando quando esse livro chegar até as pessoas... como será que elas vão receber essas informações?

– Alguns ficarão extremamente felizes por compreenderem finalmente o que é um Exu. Outros, por interesses que não sejam o conhecimento e a evolução intelectual e moral, irão ignorar ou até criticar, mas se você não escrever, eles nunca saberão da verdade, não acha?

– Sinceramente, Lucas?

GUARDIÃO EXU

– Sim, o que você pensa?

– Eu não estou preocupado com o que vão dizer ou pensar... a única preocupação que eu tenho ao escrever, é a de passar as informações sem me intrometer no que é revelado. Eu não tenho o direito de julgar e, muito menos, dizer o que está certo ou errado, pois a mim, só cabe aprender, ouvir e exercer o direito que eu tenho de viver ao lado de vocês, além, é claro, de poder transmitir, através de livros, todas essas mensagens edificantes para todos os que eu puder. Aqueles que julgam, serão julgados, Lucas... e isso não me preocupa.

– Que bom que você pensa assim, Osmar.

– Penso e ajo sempre seguindo as orientações de vocês, e os princípios morais da minha fé. Tudo muda dentro de mim após uma psicografia, pois a cada livro aprendo ainda mais e, com isso, consigo colocar tudo em prática na minha vida, e posso te confessar uma coisa?

– Sim, claro.

– A cada dia que passa me sinto ainda mais completo e feliz. Agradeço a cada segundo da minha vida, agradeço a Deus por poder ser o instrumento escolhido por vocês, para ajudar tanta gente a evoluir.

– Nós é quem agradecemos a você pela coragem e determinação.

– Tudo o que me proponho a fazer, busco fazer com humildade, sabedoria e amor, pois eu acredito que quando a gente faz algo com amor, o resultado é algo com amor.

– Muito bom, Osmar, parabéns!

– Obrigado, Lucas.

Chegamos, finalmente, à quarta estação. Agora, eu estava diante da pintura na qual Maria, mãe de Jesus, encontrava-se com seu filho, sofrido pelo peso da cruz, e muito machucado pelo chicote dos insensíveis soldados.

– Gostou dessa pintura, Osmar?

– É linda, Lonan, mas não dá para gostar de ver Jesus sofrendo.

– Aqui, queremos te mostrar que, em nenhum momento de nossa caminhada, estamos sozinhos. Sua mãe de hoje, pode ter sido sua filha de ontem, e vice-versa.

Os espíritos escolhem seus afins e, com eles, caminham pela eternidade. Não há nenhum espírito solitário no Universo, porque a solidão é estacionária.

A vida terrena é uma das milhares de experiências e oportunidades que todos os espíritos têm para se tornarem melhores. Você não é sozinho... você não está sozinho, e nunca estará sozinho.

Esse caminho é o caminho do amor familiar, da paz na família, e ela só é alcançada, quando todos os envolvidos decidem que as diferenças existem e devem ser respeitadas, pois o passado espiritual se expressa na vida encarnada, e ele é desconhecido até que o espírito adquira novamente a condição de desencarnado.

Não se martirize, não insista em querer mudar aquilo que é evidente ser do passado espiritual de todos os envolvidos.

GUARDIÃO EXU

Seja compreensivo, amoroso, bondoso e paciente... tudo tem um motivo, uma razão e um objetivo.

Portanto, ame a seus familiares com todas as forças possíveis. Compreenda sempre que for solicitado, e ampare, para um dia ser amparado.

Há e sempre haverá um espírito torcendo por você aqui na vida espiritual. Você precisa vencer o mundo para ficar aqui ao nosso lado e trabalhar na mais perfeita construção... a construção do amor.

Venha, vamos para a quinta estação.

Caminhamos mais alguns metros, e logo chegamos à quinta estação.

Eu vi, naquela imagem, um homem se aproximar de Jesus e pegar a sua cruz. Jesus a entregava aliviado pelos guardas terem permitido que outro carregasse o pesado instrumento de tortura.

– Esse é Simão de Cirene, Osmar. Nessa estação, nesse caminho, nessa estrada, eu quero mostrar a você que podemos auxiliá-lo a aliviar o peso da sua cruz. Quando solicitado com fé e amor, assim como os seus mentores espirituais, nós, os Guardiões, estaremos sempre à disposição para aliviar o peso de suas cruzes.

É permitido, a nós, o amparo, desde que haja merecimento.

Ninguém carrega a cruz do outro.

Ninguém é capaz de aliviar o peso da sua cruz, só você é capaz de conseguir tal feito.

E repare que Simão carrega a cruz de Jesus, somente após os soldados ordenarem a ele para carregá-la, ou seja, deverá haver sempre uma interferência divina para podermos auxiliá-los na caminhada evolutiva. Nessa estrada só passa quem tem ajuda e amparo espiritual. Esse caminho só será aberto para aqueles que trouxerem uma dose robusta de amor em seus corações.

Não adianta nos oferecer certas coisas achando que, com isso, nós seremos obrigados a devolver para vocês, coisas materiais, pois só poderemos ajudá-los se, de alguma forma, vocês também ajudarem aos outros. Oferendas, sacrifícios... façam os seus, para os seus, nós não precisamos disso, porque aqui, nada disso tem valor.

– Lindo tudo isso, Lonan.

– Essas são as encruzilhadas da vida, onde atuamos a todo tempo. Lembre-se sempre que nós somos o equilíbrio, somos os mensageiros e os donos dos caminhos. Esse é o caminho, essas são as estradas pelas quais todos os espíritos deverão passar para alcançarem os objetivos da evolução.

Venha, vamos para a sexta estação.

Lucas estava ao meu lado, calado, e me olhava com ternura.

– Está tudo bem, Lucas?

– Sim, você está bem?

– Nunca me senti tão bem.

– Veja a sexta estação.

GUARDIÃO EXU

Naquela imagem eu vi Jesus caído, sobre o seu ombro direito estava novamente a pesada cruz. Uma linda jovem se aproximava d´Ele e secava o seu rosto com um pano branco.

– Essa é a Verônica, Osmar, ela seca o suor de Jesus que, cansado e com as pernas fracas, cai de joelhos e é amparado por essa jovem. Por amor e misericórdia, ela se aproxima d´Ele e alivia um pouco o sofrimento daquele momento.

A imagem nos mostra que sempre haverá um anjo-amigo próximo a nós para secar as nossas lágrimas e amenizar as dores da vida. À medida que o espírito evolui, Osmar, ele angaria outros espíritos para si e, por amor, se ligarão a você.

Na hora certa, no momento oportuno e necessário, seus pares espirituais estarão ao seu lado secando as lágrimas e os suores da luta evolutiva.

Você nunca está ou estará sozinho.

Estamos ao seu lado a todo momento, orientando, guiando e abrindo as ruas para que possais evoluir sem tropeços. Para que seus caminhos estejam abertos, é necessário que compreendas a via de martírio que todo espírito precisa passar para poder tornar-se melhor.

Caminhamos até a sétima estação.

Ali, eu pude ver Jesus caído pela segunda vez. Ao seu lado, havia um soldado que O chicoteava e ordenava a Ele que se levantasse e seguisse o seu caminho de dor e sofrimento.

Fiquei parado olhando para aquela imagem e, ao mesmo tempo, tentava imaginar o que Lonan iria me dizer, quando Lucas se aproximou e disse:

– Em cada estação de sofrimento na vida, você aprenderá que nunca estará sozinho. Trocam-se os amigos, trocam-se os familiares, trocamos os filhos, e todos os que se ligam a nós, por um tempo.

O tempo de chegada é o tempo do enxoval, enquanto o tempo da partida, é o tempo de se desfazer dos acúmulos desnecessários da vida encarnada. Junta-se o que não se leva, e perde-se o tempo gastando a vida com coisas que não vos levarão a lugar algum.

Não creias que oferecendo ouro e riqueza receberás, em troca, ouro e riqueza. A maior riqueza que podes alcançar enquanto alma é a riqueza intelectual, pois essa nem a traça e a ferrugem consomem.

Não junte tesouros na Terra, tenha tesouros no céu.

As quedas são oportunidades de refazimento.

Sempre que cair, lembre-se que estarás mais perto da terra que do céu, e que o chão que pisas hoje, será seu telhado um dia. Toda queda tem por objetivo, o fortalecimento das pernas e da alma.

Se te sentes fraco, ore...

Se te sentes sem coragem, ore...

Se sentes dor, tome o remédio do Evangelho, pois ele é capaz de te levantar de qualquer altura.

GUARDIÃO EXU

Aprenda, através das quedas, a respeitar seus adversários naturais, esses mesmos que estão dentro de você, pois todos nós temos a dualidade como desafio, somos bons e somos maus... quem será você, vai depender, exclusivamente, de qual sentimento você irá alimentar.

Doe bondade, amor e caridade, em abundância, e deixe morrer de fome o inimigo íntimo que existe em você. Um dia, você irá compreender que, da vida, só se leva o amor.

– Nossa, Lucas, que profundo.

– Venha, Osmar, vamos para a próxima estação. – disse Lonan, se afastando de nós.

Eu olhei para o Lucas e o agradeci pelas sábias palavras de amor.

A próxima estação estava bem longe. Caminhamos e passamos por algumas encruzilhadas, mas sem nenhuma imagem aparente, apenas alguns espíritos em pé, como se estivessem em vigília. Eles cumprimentavam Lonan com grande mesura, como se reverenciassem a um rei, um soberano, ou alguém muito importante.

Chegamos, finalmente, a mais uma estação.

Eu pude ver, naquela pintura, várias mulheres chorando e olhando para o martírio de Jesus. Maria, mãe de Jesus, Maria Madalena, Marta, Maria, irmã de Marta, entre outras mulheres que choravam ao ver o sofrimento do Mestre. Algumas, estavam ajoelhadas e, outras, de pé. Jesus fazia uma meia-parada, e olhava para elas em sofrimento.

– O que essa encruzilhada tem a nos ensinar, Lonan?

– Essa encruzilhada ensina que você não é um homem e, muito menos, uma mulher. Ensina que você irá expiar tanto na psique feminina como na masculina, quantas vezes forem necessárias.

Como é que um homem conhecerá a dor do parto, sem nunca parir?

O amor de um pai, é igual ao amor de uma mãe?

Como saberá o espírito a diferença do amar, se não expiar nas psiques?

O espírito expia na alma, o que vai lhe tornar perfeito. Enquanto encarnado, és alma e, após a encarnação, você adquire novamente a condição de espírito eterno que és, assim, enquanto não souberes as diferenças do amor, não estarás preparado para a vida eterna.

– Ser pai é gerir, ser mãe é proteger, e são coisas muito diferentes, Osmar. – disse Lucas.

– Com certeza... precisamos aprender a amar.

– Osmar, as encruzilhadas da vida são, na verdade, decisões extremamente difíceis e importantes que todos os espíritos precisam tomar para se tornarem perfeitos.

– Venham, rapazes, eu quero mostrar uma coisa a vocês. – disse Lonan, acelerando o passo em direção à próxima estação.

Rapidamente, chegamos à nona estação.

– Essa é a nona estação, Osmar, ou a nona encruzilhada.

GUARDIÃO EXU

Aqui, você pode ver a terceira queda de Jesus. Quantas vezes você precisará cair para, finalmente, aprender a se levantar?

– Não faço a mínima ideia, Lonan.

– Quantas forem necessárias para o seu aperfeiçoamento, meu amigo.

– Estou ferrado.

– Não. Você não está ferrado, pois você já sabe que é um espírito. Você já sabe o que tem de ser feito, basta querer e fazer.

– Mas é muito difícil, Lonan.

– As dificuldades são pancadas modeladoras do espírito eterno. Toda dificuldade superada, é pureza alcançada, e quanto mais puro for o espírito, mais sutil ele é, e quanto mais sutil, mais sublime, e quanto mais sublime, "mais perfeito", e sendo ele perfeito, senta-se ao lado do Pai e, junto d'Ele, administra a evolução de todos os espíritos.

– Torna-se um Guardião?

– Sim. Estamos em todo o Universo no amparo e no auxílio da criação.

– Quer dizer que você passou por tudo isso para se tornar o que é?

– Sim, nos moldamos através das experiências vividas nas encarnações. Foi por meio das decisões, transformações, modificações, coragem e amor, que hoje estou onde estou.

– Que lindo, Lonan!

– E tem mais, eu não quero ficar aqui… se quero ir além, e o além existe e é real, eu tenho que mudar ainda mais, eu tenho que alcançar meus objetivos transformadores.

– Meu Deus! E eu ainda estou na primeira encruzilhada da minha vida.

– Tenha coragem, amor e transforme-se todos os dias e, assim, poderemos nos encontrar, um dia, nos planos superiores de Deus.

– Precisarei de quantas quedas, Lonan?

– Quantas forem necessárias ao seu aperfeiçoamento moral e intelectual, Osmar.

– Eu sou muito grato a todos esses ensinamentos, Lonan.

– Escreva, meu amigo.

Venha. – disse Lonan, acelerando o passo.

Parecia que as próximas estações estavam ligadas umas às outras. Eu o seguia ávido por aprender ainda mais com ele.

Chegamos, finalmente, à décima estação.

Naquela pintura eu vi que os soldados retiravam as vestes de Jesus, deixando-o praticamente nu.

– Você está vendo, Osmar?

– Sim.

– Em um determinado momento da sua vida, você será despojado de seu corpo físico. Todo espírito está destinado a viver como espírito, e não como alma.

Nessa encruzilhada da vida, você terá que decidir se continuará encarnando para ajudar aos espíritos ligados a você, e que ainda não conseguiram o que você já conquistou.

GUARDIÃO EXU

Será uma decisão muito difícil, pois alguns dos espíritos que você tanto ama, não poderão viver com você na vida espiritual. Eles continuarão a reencarnar e a passar pelas provas evolutivas as quais você já superou.

O que fazer nessa hora?

Abandonar a quem sempre amei?

O que fazer?

Eu estou Guardião, Osmar, porque passei por todas as encruzilhadas que eu precisava passar para me moldar ao que sou hoje.

Eu descobri que, se quero ajudar a quem muito amo, àquele que ainda não se compreendeu como espírito, e que ainda não tem o intelecto necessário para se ajudar, eu poderia servir aos meus amores, por isso, estou e sou Guardião.

Nesse posto e condição os quais conquistei com muito sacrifício e dor, eu consigo auxiliar àqueles que ainda expiam nas encarnações para, um dia, viverem eternamente ao meu lado.

Todos esses espíritos que você vê aqui nesses Reinos, estão em busca dessa oportunidade, de poderem trabalhar como espíritos nos planos terrenos para, em primeiro lugar, estarem ao lado dos seus amores eternos e, em segundo, auxiliarem a todos os espíritos encarnados a se compreenderem como espíritos, e assim, evoluírem o mais rápido possível.

– Meu Deus...

– Ele mesmo, Osmar, é Ele quem nos dá infinitas oportunidades de evolução e de amor.

– Quer dizer que quando eu atingir um certo grau evolutivo, não precisarei encarnar mais?

– Exatamente. Vive na Terra quem precisa das coisas da Terra. O mundo é dos espíritos, e é em espírito que você sempre irá viver.

– Que lindo, Lonan! Quando terminarem as minhas tarefas terrenas, certamente eu pedirei para ser um espírito que trabalhe na Terra, para auxiliar a todos que precisarem de mim.

– É o que acontece com a maioria dos espíritos que está hoje em dia nos centros espíritas, nas igrejas, enfim, em todo o plano terreno.

– Realmente não se justificam as oferendas, as matanças, e tudo o mais...

– Não vamos entrar nesse tópico, não é o intuito desse livro.

– Desculpe, Lonan.

– Venha, vamos para a próxima estação.

Chegamos a um monte no final da estrada em que estávamos.

Era um lugar muito bonito, até ver algumas cruzes com homens pendurados. A imagem pintada em uma tela fluídica me emocionou mais uma vez.

GUARDIÃO EXU

Lá estava Jesus crucificado. Ao seu lado, mais duas cruzes com dois homens já mortos. Jesus ainda estava vivo e respirava com muita dificuldade.

As mulheres, ajoelhadas aos seus pés, choravam compulsivamente. Naquele momento, eu pude ver que Ele deu o seu último suspiro.

Logo depois da morte do Messias, seu corpo foi retirado da cruz e entregue a Maria, a Marta, e às outras mulheres que esperavam pela hora derradeira.

Mais algumas imagens apareceram na tela fluídica. Eu pude ver quando alguns homens – dentre eles, Lázaro –levaram o corpo de Jesus para um sepulcro.

Lágrimas desciam pela minha face naquele momento. Eu estava muito emocionado por presenciar tudo aquilo como um filme na tela fluídica, pois ela permitia que eu participasse de uma maneira quase real, dos últimos momentos do Cristo ao nosso lado.

Foi quando Lucas se aproximou de mim e colocou seu braço direito sobre os meus ombros, como se me abraçasse, consolando-me. Lonan também se aproximou e com um gesto rápido, apagou a tela que estava a nossa frente. Eu olhei para ele, como se agradecesse por ele ter evitado prolongar ainda mais aquele momento.

– Osmar, essas foram as últimas estações, as últimas encruzilhadas da vida. Morreremos quantas vezes forem necessárias, para nascermos novamente em outro lugar.

Nada do que Ele criou está destinado à morte total.

A morte do corpo físico é apenas um acontecimento biológico imposto à carne, que envelhece e morre naturalmente. A encruzilhada da morte é o destino de todos os encarnados.

Todos viveram ou viverão esse momento. O desprendimento fluídico da Terra, faz renascer o espírito em outro lugar. Um dia, todos atravessarão essa encruzilhada e renascerão nas cidades de destino.

Nascerão em um bom lugar, aqueles que cultivaram o amor pelo outro, os que fizeram o bem e se modificaram, aproveitando o período expiatório para se transformarem.

Aqueles que, porventura, desperdiçarem essas oportunidades, renascerão na carne e expiarão quantas vezes forem necessárias. Colhe-se aqui os frutos das semeaduras terrenas, e ninguém está imune à colheita.

Portanto, aproveitem os ensinamentos desse humilde Guardião, e tenham a certeza de que não estamos no Universo com os mesmos desejos que vocês.

Nós não precisamos de nada material, só precisamos de amor espiritual para que possamos auxiliar o todo e, auxiliando o todo, estamos nos auxiliando também.

Aproveitem cada linha desse livro para se modificarem, para se transformarem, e para se livrarem das mazelas do animismo.

GUARDIÃO EXU

Naquele momento, eu me ajoelhei aos pés de Lonan, que colocou as suas mãos sobre os meus ombros e disse:

– Eu sou como você, sou parte de você, e estarei onde o seu coração estiver.

Somos o amor em essência...

Somos a expressão de amor do nosso Pai, o Criador de todas as coisas...

Lonan me puxou para que eu me levantasse.

De pé, me refiz, emocionado.

Lucas me olhava com carinho...

– Agora, Osmar, vá para a sua vida e, em breve, eu pedirei ao Lucas para te buscar novamente.

– Obrigado, Lonan!

– Nós é quem agradecemos a essa oportunidade, Osmar.

Ainda em lágrimas, voltei para a minha humilde encarnação.

Como é lindo viver tudo isso...

Gratidão, Deus...

Gratidão, Lonan...

Gratidão!

> "
> *Eu sou o caminho, a verdade e a vida...*
> "
>
> *Jesus*

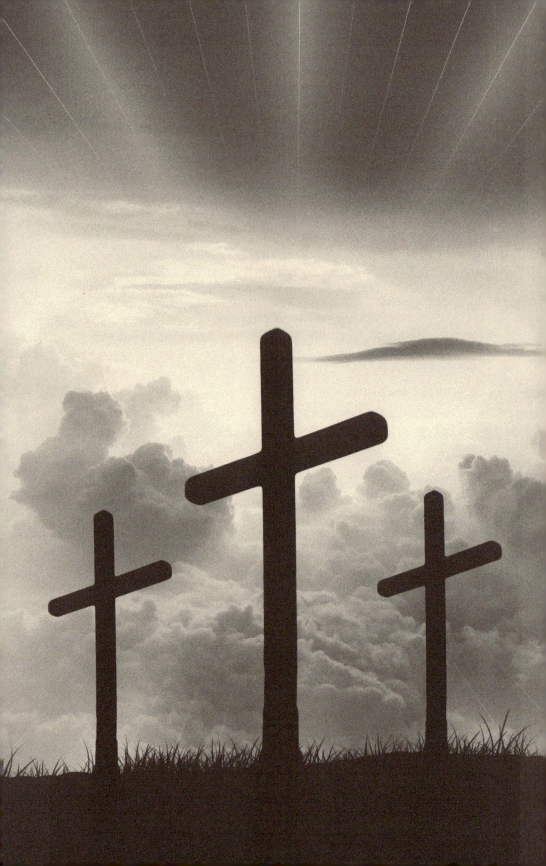

Reino dos cruzeiros

No mesmo dia na parte da tarde, após eu ter almoçado e descansado um pouco, Lucas me procurou e me fez um convite.

– Oi, Osmar.

– Olá, Lucas, você voltou?

– Sim, resolvi te procurar, pois eu tenho uma proposta para te fazer.

– Faça-a, meu amigo.

– Osmar, você quer conhecer um lugar comigo?

– Sim, claro que sim!

– Então, desdobre-se e venha.

Naquele momento, eu me concentrei e comecei a seguir o Lucas. Pouca gente conhece ou compreende o desdobramento.

O desdobramento astral é como um sonho lúcido, é a capacidade que alguns médiuns têm de se projetar a algum lugar, sozinho ou acompanhado, estando no mesmo lugar, ou seja, a **bicorporeidade**.

Na bicorporeidade, o encarnado desliga-se parcialmente do seu corpo físico e, enquanto este permanece adormecido em um local, o espírito se desloca no espaço, tornando-

GUARDIÃO EXU

-se visível em outra localidade, às vezes, muito distante de onde está o seu corpo.

Eu fico fisicamente no meu escritório, mas a minha consciência viaja ao lado dos espíritos amigos pelo infinito espiritual. Eu tenho essa capacidade mediúnica desde menino. Lembro-me de viajar pelos lugares que eu desejava.

Às vezes, quando eu queria encontrar-me com algum amigo, eu me desdobrava e ia até a casa dele para saber se realmente ele estava lá, e eu fazia isso com muita naturalidade, sem nunca saber ou ter ouvido falar em desdobramento.

Nascemos com dons que cabe ao tempo nos explicar.

Conhecidos em diversas culturas, os sonhos lúcidos, ou a técnica popularmente conhecida como desdobramento astral, desdobramento, projeção astral etc., está intimamente ligada aos mistérios da consciência humana e, em alguns casos, a um tipo de mediunidade.

O desdobramento astral é sumamente simples. Trata-se de um fenômeno natural, assim como comer, beber etc.

Quando o corpo físico adormece, a alma sai dele e viaja por todas as partes, isso é o que chamamos de sonhos. Alguns médiuns, como eu, viajam pelos mundos espirituais, simplesmente pelo desejo ou necessidade de se projetarem, como é o caso de quando eu estou psicografando.

O meu corpo fica inerte enquanto eu viajo ao lado do Lucas, e de tantos outros mentores espirituais. Eu escrevo sobre tudo o que vejo e ouço, e a isso damos o nome de psicografia através do desdobramento. O desdobramento astral é uma chave natural, que nos permite abrir as portas para um conhecimento acessado por poucos.

Quando estamos conscientes no mundo dos espíritos, podemos desvendar os mistérios da vida e da morte. Eu tenho muito orgulho e fico extremamente feliz por ter essa capacidade, mas como eu disse, já nasci com ela, não foi algo que desenvolvi, diferente de outros tipos de mediunidade como a psicofonia, por exemplo.

– Venha, Osmar. – disse Lucas, indo a minha frente.

Entramos em um túnel de luz que nos levou a um vale onde eu pude ver centenas de cruzes fincadas no chão. Eram cruzes de todos os tamanhos.

Algumas estavam envoltas em luzes que variavam de cor. Uma cruz estava envolta em uma luz violeta, outra, em uma luz verde, outra, com luz amarela. Todas tinham a sua própria luz.

Pareciam faróis acesos naquele vale. Todas mediam muitos metros de altura, acredito que uns oito metros de altura por uns quatro de largura. Eram cruzes que estavam na porta de um grande e lindo portal.

GUARDIÃO EXU

Sentado em uma cadeira, eu pude ver de longe que havia um rapaz.

O céu estava todo azul e sem nenhuma nuvem. O Sol, embora clareasse todo o lugar, não oferecia calor para nós. Era uma claridade intensa, que deixava o vale todo muito bonito.

Eu pude ver ainda, um extenso gramado o qual me remeteu a lembrança de uma enorme fazenda de criação de gado. Não havia cerca, por isso, descartei ser uma fazenda.

– Lucas, que lugar é esse?

– Esse é o segundo Reino de Lonan.

– Por que ele não veio?

– Ele me pediu que o trouxesse aqui, pois acredito que esteja muito ocupado, como sempre está.

– Quem é aquele rapaz sentado logo à frente?

– O Guardião desse lugar.

– Ele não possui um prédio?

– O "prédio" dele são os cruzeiros.

– O que significam esses cruzeiros?

– Faça essa pergunta para ele, por favor.

– Pode deixar.

– Venha, Osmar, ande mais rápido.

Naquele momento, aceleramos o passo para irmos ao encontro daquele desconhecido.

Nos aproximamos do lugar, e eu pude ver que sua estrutura era bem maior que minha primeira visão. Parecia um oásis no meio daquele lindo e esplendoroso lugar.

Havia algumas palmeiras, uma pequena choupana, e um trono com uma cobertura feita de tiras de folhas muito bem entrelaçadas, que davam um toque todo especial àquela cobertura.

Sentado, nesse mesmo trono, estava aquele homem. Ao seu lado, eu vi alguns Guardiões, num total de seis. De pé, também ao seu lado, estava uma jovem menina de cabelos cacheados.

Mesmo de longe, eu consegui ver que ele sorria ao perceber a nossa presença.

– Venha, Osmar.

Eu estava a uns sete metros de distância do rapaz, quando ele se levantou para nos receber. Lucas foi o primeiro a apertar sua mão, eu cheguei em seguida e repeti o gesto.

– Sejam bem-vindos, meus amigos!

– Nós é quem agradecemos a você por nos receber, Uriel. – disse Lucas.

– Lonan falou comigo sobre as escritas desse rapaz, e somos gratos a você por estar escrevendo um pouco sobre nós.

– Eu é que agradeço a oportunidade, senhor.

– Não agradeça, escreva.

GUARDIÃO EXU

– Pode deixar.

– Como é o seu nome?

– Eu me chamo Osmar.

– Você sabe qual é o significado do seu nome?

– Não, senhor.

– Seu nome significa "glória dos Deuses".

– Nossa, não fazia ideia disso.

– Todos os nomes têm significados, você sabia?

– Não, senhor.

– Não me chame de senhor, me chame simplesmente de Uriel.

– Você é um anjo?

– Sou um Guardião, um Guardião Exu.

– Como o Lonan?

– Sim, como ele.

– E o que o senhor faz aqui?

– Esse é o Reino que está sob o meu domínio, o Reino dos cruzeiros.

– Eles existem mesmo?

– Há cruzeiros em todos os cemitérios, igrejas, templos iniciáticos, mosteiros, e em todos os lugares, religiosos ou não.

– E servem para o quê?

– Sente-se que eu vou lhe explicar.

Naquele momento, duas cadeiras foram trazidas até nós pelos rapazes que estavam a nossa volta. A jovem trazia uma bandeja com três taças.

– Bebam. – disse Uriel.

Cada um pegou a sua taça, mas eu não tive coragem de beber o líquido que ali estava.

– Osmar, o plano físico em que você vive está repleto de portais que ligam a sua dimensão às demais dimensões. Todas as dimensões existentes estão seguras, porque na entrada delas existem esses portais.

Alguns são energéticos, outros são fluídicos e, outros, como os que estou administrando nesse momento, são espirituais. Aqui é o lugar onde controlamos os que entram e os que saem do seu plano, da sua dimensão.

São portais de controle, pois nem todos podem ficar passando de lá para cá e vice-versa. Tudo aqui é muito bem controlado. O que todos os que vivem na sua dimensão precisam saber é que, depois que se passa para o lado de cá, só é possível passar para o lado de lá, com uma autorização.

Estando os espíritos, em planos diferentes, eles possuem estruturas espirituais e energéticas também diferentes. Para que um espírito dessa dimensão em que estamos agora possa adentrar o plano físico, é necessária uma adequação vibracional. Olhe! – disse ele, apontando com o dedo para um portal que se abria a nossa frente.

GUARDIÃO EXU

Confesso a vocês que o que eu vi naquela hora, eu nunca mais esquecerei. Eu vi um daqueles cruzeiros enormes virar-se para o lado, e onde ele estava, abriu-se um enorme túnel, foi quando eu pude assistir a uma cerimônia em um hospital, onde uma mulher, deitada no leito, dava os seus últimos suspiros de vida.

Naquele instante, ela era conduzida por duas meninas que carregavam uma maca com o seu espírito adormecido. Logo em seguida, eu pude ver o enterro dessa mulher no cemitério. Vi os seus familiares e amigos chorando sobre o caixão coberto de flores. Todos estavam muito emocionados.

Logo o portal se fechou novamente. Era como se fosse uma enorme porta que se abria para que os espíritos pudessem passar por ela e vir para onde estávamos.

Eu vi quando as duas meninas com a mulher na maca entraram em um sofisticado veículo de transporte, que desceu do céu por uma estrada fluídica e voltou para o céu com todos a bordo.

– Para onde eles a levaram?

– Para uma Colônia Espiritual. Agora, aquela irmã que teve a permissão de vir para a vida espiritual seguirá o seu caminho.

– É você quem controla quem vem e quem vai?

– Sim, olhe agora para o portal à esquerda.

Eu vi quando um grupo de espíritos que tinha descido do mesmo veículo entrou naquele portal após ele se abrir. Era um portal de cor verde.

– Para onde eles estão indo?

– Para um Centro Espírita. A sessão já vai começar.

– São Exus?

– Sim, como você os reconheceu?

– Não sei, como eu estou escrevendo sobre vocês, achei que fossem mesmo Exus.

– Alguns espíritos passam por esses portais para chegarem ao lugar de destino, por isso, a maioria dos centros espíritas tem um cruzeiro, pois é o lugar pelo qual os espíritos entram e saem de seus planos, de suas dimensões, entende?

– Perfeitamente.

– O que mais vocês fazem nesses portais?

– Os cruzeiros servem de orientação para os espíritos que desencarnam e ficam vagando pelo plano terreno. Além, é claro, de serem portais para o recebimento de orações vindas do plano terreno, que são destinadas aos irmãos que se encontram em recuperação nos Hospitais Espirituais, nas Colônias, nas Cidades Espirituais e, ainda, no Umbral.

– Alguns desses cruzeiros nos levam ao Umbral?

– Sim, vários deles são portais do Umbral.

– E servem para o quê?

GUARDIÃO EXU

– Para lembrar a quem estiver lá, que existe um Deus de amor, de braços abertos para recebê-los, caso alguém desista de viver naquelas regiões. Eu não sei se você sabe, mas muitos espíritos decidem viver nessas regiões presos aos vícios terrenos, à sede de vingança daqueles que lhes causaram a morte física.

– Quer dizer que os espíritos podem viver tanto na Terra como no Umbral para se vingarem de quem lhes fez mal?

– Na Terra, poucos conseguem ficar, pois para um espírito viver na Terra, ele precisa ter as energias terrenas, os fluidos que permitem a ele viver e se expressar no plano terreno.

Lembre-se de uma coisa, cada plano, dimensão ou local tem sua própria energia, portanto, para se viver em um determinado lugar, você precisa estar energeticamente alinhado com as energias daquele lugar, caso contrário, você será atraído para um dos meus portais, e expulso desse lugar.

Os espíritos que vivem no Umbral, por exemplo, estão energeticamente ligados a ele, estão em estado sombrio e, por isso, conseguem viver lá.

A Terra é um lugar extremamente difícil para um espírito ficar devido a sua variedade energética. São muitos sentimentos, muitas vibrações, muitas energias... é uma variação infinita de sentimentos e energias que impossibilitam um desencarnado se expressar ou viver lá.

Para que haja uma comunicação, uma interação e para que seja exteriorizada a vontade de um espírito no plano terreno, primeiro, ele necessita que eu permita com que ele passe daqui para lá, lembrando que um espírito não pode ficar muito tempo lá, porque são energias diferentes e, sendo diferentes, se repelem.

Sendo assim, quando um irmão desencarnado, sem luz e sem bagagem evolutiva, a quem foi permitido mudar sua vibração espiritual para poder estar entre vocês, precisar ir ao plano físico com o objetivo de visitar alguém, mandar uma mensagem ou auxiliar a quem muito ama, antes, ele precisará passar por mim, que sou o Guardião dos cruzeiros, entenda, Portais.

– Nossa! E a gente achando que a Terra está cheia de almas penadas.

– Almas penadas vivem com almas penadas, almas ruins vivem com almas ruins. Espíritos vivem nos planos espirituais. Osmar, eu vou te ensinar uma coisa.

– Sou grato.

– Almas cuidam de almas, espíritos cuidam de espíritos, e os dois não habitam o mesmo lugar. Não é possível uma alma acessar o lugar dos espíritos, mas é possível a um espírito, acessar o lugar das almas. Para que um espírito

GUARDIÃO EXU

possa se expressar em um lugar de almas, há a necessidade de simbiose entre o visitante e o hospedeiro – eu chamo de hospedeiro o que vocês conhecem como médiuns –, e caso não haja essa harmonia, a interação é falsa.

– Eu agradeço as suas explicações, Uriel.

– Nós é quem agradecemos a você por estar aqui ao nosso lado, nos possibilitando passar essas informações que são de extrema importância para que, assim, todos possam conhecer verdadeiramente quem somos.

– Você entendeu o que são os portais, Osmar? – perguntou Lucas.

– Acho que sim.

– Tem mais alguma coisa que você queira dizer, Uriel?

– Sim. Lucas, toda e qualquer oração que chega até nós, através dos cruzeiros, ou melhor, dos portais, são transmitidas aos seus destinatários. As orações que são feitas nas igrejas, nos cemitérios, nos templos, nos reformatórios, nos asilos, nos mosteiros, e em todos os lugares, nós as retransmitimos para o lugar desejado.

Aqui, trabalham milhares de espíritos que recebem, diariamente, milhões de mensagens às quais destinamos às Cidades Espirituais e aos Reinos Espirituais. Nada é descartado, nem mesmo uma pequena súplica.

Somos os ouvidos, os mensageiros, os carteiros do amor. Estamos no Universo desde que ele foi criado. Nossa missão é manter a harmonia entre todas as dimensões espirituais, por isso, somos muito importantes.

Cada Reino tem seus portais e seus Guardiões, e é importante que todos saibam que cada dimensão espiritual, energética ou vibracional é supervisionada e guardada por nós, os Guardiões Exus. Nada passa por nós sem permissão, somos os mensageiros, nunca se esqueçam disso.

Obrigado pela sua visita, Osmar. Leve o nosso caloroso abraço a todos os trabalhadores e trabalhadoras do amor aos Exus.

– Eu é que sou grato a você, Uriel, por essa oportunidade.

Lucas se levantou e, após um afetuoso abraço, nos despedimos de Uriel.

Deixei aquele lugar certo de que ainda não sabemos nada sobre os Exus. Precisamos aprender, precisamos ser humildes e deixar de lado todo animismo que nos leva a pensar que espíritos que trabalham na vibração dos Exus, são espíritos ruins.

Não existe o mal onde há a divindade. Lembrei-me desse ensinamento dado por Lonan no início dessa psicografia.

Como é possível o mal viver ao lado do bem?

Não é possível um espírito ganhar o título de divindade, se em seu coração houver uma gota de algo ruim. O bem e o mal não se misturam, e o mal, como ele disse, faz parte

GUARDIÃO EXU

de todo espírito, pois se você decidir viver pelo mal: "boa sorte!", mas o que eu estou vendo até agora é muita bondade, sabedoria e amor.

Deixei aqueles portais certo de que Deus está cuidando de tudo, aliás, Deus não, os candidatos a filhos de Deus...

Os Guardiões...

Voltei para a minha vida.

> "
> *O mal não se mistura com o bem, porque*
> *o bem não convive com o mal.*
> "
>
> *Uriel*

OSMAR BARBOSA

Reino das matas

Era uma manhã fria, o Sol ainda estava a despertar no horizonte.

Levantei-me como quem ouve um chamado. O único som que eu ouvia era o canto de um pássaro que parecia murmurar em vez de cantar. Parecia estar dentro da minha casa, mas eu não vi nenhuma ave por lá, até porque eu moro em um apartamento.

Estanhei tudo aquilo àquela hora da manhã, pois onde eu moro não costumo acordar com o barulho dos pássaros e, sim, com o ruído das grandes cidades, sirenes, carros, obras etc.

Lavei o rosto e dirigi-me à cozinha para preparar meu café matinal. Foi quando, de repente, senti a presença de um espírito. Não costumo me assustar com os espíritos, pois convivo com eles desde menino, como já disse.

Porém, ao olhar para a sala do apartamento, acabei levando um susto ao ver, na minha frente, um lindo e gigantesco Caboclo. Ele estava em pé, no meio da sala, olhando para mim.

Vestia uma roupa branca que lhe cobria todo o corpo. Camisa de mangas compridas, e uma calça "boca de sino", com vários detalhes dourados e prateados. Eram desenhos que eu não compreendi muito bem.

Nas mãos, uma lança quase do tamanho dele, ela era decorada com várias fitas coloridas. Na cabeça, ele usava um cocar indígena de penas brancas. Logo, lembrei-me do Caboclo com quem trabalho, chamado Ventania.

– Desculpe-me por estar tão cedo em sua casa para lhe buscar. – disse o índio.

– Não tem problema, mas quem é o senhor?

– Eu sou o Guardião das matas. O Lonan me pediu para mostrar o nosso Reino a você.

– Será uma honra poder escrever sobre o senhor.

– Vamos? – disse ele, apressadamente.

– Sim, vamos. – eu disse, sem ao menos tomar uma xícara de café.

Imediatamente, sentei-me no sofá da sala e, em desdobramento, o segui.

Chegamos à beira de uma mata muito intensa. Era um lugar onde havia um pequeno rio. Estávamos às margens daquele riacho, quando ele me pediu para olhar para dentro da mata e relatar o que ele iria me mostrar.

– Olhe para a densa mata, pois ela irá se abrir para mostrar a você o que temos a revelar. – disse o Guardião.

A mata se abriu e eu pude ver uma enorme tribo indígena, era muito grande mesmo. Eu vi dezenas de ocas em formato de um grande círculo, no meio havia uma maior e em sua cúpula descia uma luz vinda dos céus.

Naquele momento, volitando, ele me levou para dentro da oca maior. Quando eu vi, já estava sentado ao seu lado e, ao nosso lado, tinham vários índios. Estávamos sentados no chão, que estava forrado com tecidos coloridos.

O lugar era mágico, muito bonito.

Algumas índias entraram e nos entregaram uma cumbuca indígena feita de casca de coco, o qual chamamos aqui de coité. Logo em seguida, outra índia colocou um líquido.

– Beba, Osmar. – disse o índio.

– Obrigado!

– Aqui está reunido o grande conselho. Estão presentes todos os grandes Guardiões de todo o planeta. Uma vez a cada tempo, e quando o tempo manda nos encontrarmos, nós nos reunimos para discutir sobre a harmonia do planeta.

Neste local decidimos pelas chuvas e por tudo o que as matas podem proporcionar para que todos vocês possam ter equilíbrio, para que a vida seja equilibrada em todos os lugares.

Vocês podem achar que não, mas há uma gerência espiritual em tudo o que acontece na vida de vocês, inclusive, no clima e nas estações do seu planeta, pois sem a devida harmonia, ocorrem os grandes acidentes climáticos, geológicos e catastróficos que dizimam vidas animais e humanas.

Tudo tem de estar em perfeita sintonia para que a vida aconteça e para que todos os espíritos possam expiar e experimentar, possibilitando a evolução de todos.

GUARDIÃO EXU

Somos os espíritos encarregados pela harmonia dos quatro elementos vitais, e sem ela a vida na Terra fica impossibilitada. Somos os Guardiões das matas e estamos em um dos reinos do Guardião Exu.

Aqui é o lugar onde cuidamos dos espíritos elementais. São seres singulares, multiformes, invisíveis, e que estão sempre presentes em todas as atividades da natureza, além do plano físico. São veículos da vontade criadora, potenciadores das forças, das leis e dos processos naturais.

Eles são encontrados por toda parte: na superfície da Terra, na atmosfera, nas águas, nas profundidades da subcrosta, junto ao elemento ígneo.

Invisíveis aos olhares humanos, executam infatigável e obscuramente um trabalho imenso, nos mais variados aspectos, nos reinos da Natureza, junto aos minerais, aos vegetais, aos animais e aos homens.

Somos essenciais à vida na Terra, saibam disso...

Nós somos os orientadores dessas entidades. Como ainda não dispõem de discernimento, porque não adquiriram a faculdade de pensar , são encaminhadas por nós às experiências evolutivas, de forma que não seja interrompido o processo de desenvolvimento.

Na cultura religiosa do passado e do presente é possível encontrar esses seres sob a denominação de Devas, Elementais, Fadas, Gênios, Silfos, Elfos, Djins, Faunos etc.

Alguns classificam os elementais mais evoluídos, encarregados do Ar, da Terra, do Fogo e da Água, respectivamente de Gnomos, Sílfides, Salamandras e Ondinas.

– Os grandes fenômenos da Natureza, os que se consideram como perturbação dos elementos, são devido às causas fortuitas ou todos eles têm um fim providencial? – eu quis saber.

– Tudo tem uma razão de ser e nada acontece sem a permissão de Deus. – afirmou o Guardião.

– Esses fenômenos sempre têm o homem por objetivo ?

– Algumas vezes, eles têm o homem como razão imediata de ser. Na maioria dos casos, entretanto, meu amigo escritor, tem como único objetivo o restabelecimento do equilíbrio e da harmonia das forças físicas da Natureza.

Concebemos perfeitamente que a vontade de Deus seja a causa primária, nisto, como em todas as coisas, porém, sabendo que os espíritos têm ação sobre a matéria e que são os agentes da vontade de Deus, poderia, com isso, surgir a dúvida se alguns dentre eles não exerceriam certa influência sob os elementos para os agitar, acalmar ou dirigir.

Evidentemente, e nem poderia ser de outro modo. Deus não exerce ação direta sob a matéria. Ele tem agentes dedicados em todos os graus da escala dos mundos. E esses agentes somos nós, os Guardiões Exus.

Saibam que nada está ao acaso, e que Ele nos possibilita tudo para que possamos evoluir, assim, de experiência em experiência, os espíritos evoluem até atingirem seu propósito.

Nós somos os que estão perto de vocês...

Somos nós os senhores dos caminhos, somos a ação e a redenção...

Estamos o tempo todo agindo na Natureza...

Somos os senhores do Sol, das chuvas, da seca e da fartura...

Tudo está sob a nossa responsabilidade e controle...

Somos os mensageiros...

Somos os Guardiões Exus.

Naquele momento, todos bateram palmas para o sábio índio que, de forma simples e espetacular, me explicava sobre aquele domínio.

– Você tem um nome? – perguntei.

– Sim, eu me chamo Azaél.

– Eu agradeço a oportunidade de te conhecer, Azaél, e por saber que tudo está sendo cuidado por vocês.

– Estamos no Universo desde a sua criação, fomos convidados para estarmos aqui e para auxiliar os bilhões de espíritos em evolução. Somos os responsáveis por vocês.

Ninguém passa pela vida sem passar por nós.

– Que bom que vocês estão cuidando de toda a humanidade.

– Estamos aqui desde os sete dias da criação, e permaneceremos por mais algum tempo.

– Eu me sinto privilegiado em poder escrever essas linhas. Como vocês gostariam que eu os chamasse nessa obra?

– Guardião Exu, pois é o que somos.

– Assim serão chamados, meus amigos.

Naquele momento, um grupo de rapazes entrou no grande salão e teve início uma dança muito bonita. Amarrados aos pés, eles tinham alguns guizos que faziam um barulho ritmado pela dança.

Eu pude ver, naquela manhã, a grandeza dos índios que vivem na vida espiritual.

Como são lindos os Caboclos... como são lindos os Exus...

Em seguida, um grupo de índias entrou no grande salão dançando uma outra dança, na qual elas batiam com força os pés no chão, que eram ritmados pelo tambor batido por algumas crianças que as seguiam.

A festa estava pronta.

Comida, bebida, dança... todos estavam felizes.

Eu me dei conta, naquela hora, de que a vida na vida espiritual é repleta de alegrias e surpresas, a vida na vida espiritual é muito boa de se viver.

Temos uma eternidade para aprender com os Guardiões...

Após alguns minutos assistindo àquela linda festa, eu fui despertado pela minha cadela, que lambia as minhas pernas e, imediatamente, eu me desliguei do desdobramento e voltei para a minha vida normal.

GUARDIÃO EXU

Brinquei com a nossa cachorra e agradeci, mais uma vez, aos Guardiões por permitirem a mim conhecer os seus Reinos e também poder escrever tudo sobre eles.

O meu dia havia começado de maneira especial...

> " Há muitas moradas na casa do meu Pai... "
>
> *Jesus*

Reino do cemitério

Alguns dias se passaram sem que ninguém me procurasse. Eu confesso que fiquei um pouco preocupado, pois estávamos embalados naquela psicografia e, de repente, todos tinham sumido. Será que havia acontecido alguma coisa? Será que eu tinha feito algo errado?

Era noite, quando o Lucas me procurou.

– Boa noite, Osmar!

– Oi, Lucas, eu já estava ficando preocupado, você sumiu...

– Estamos todos ocupados, há muito trabalho na vida espiritual, Osmar.

– Eu imagino, é pandemia, crimes brutais... aliás, Lucas, por que estamos vivendo um momento tão violento no mundo? Por que as pessoas matam outras pessoas por motivos tão banais? O que está acontecendo, Lucas?

Pais matando filhos, filhos matando pais, maridos matando esposas, esposas matando maridos... o que está acontecendo, meu amado mentor?

– A violência, Osmar, é uma doença da alma, e não do espírito.

– Como assim, Lucas?

GUARDIÃO EXU

– Osmar, a predominância animal sobre a natureza espiritual é o que causa o transbordamento das paixões e acelera a guerra entre vocês. À medida que o homem evolui, menos frequente se torna a guerra e o mal.

Vocês estão em evolução, o seu planeta passa por um pré-período renovador. As paixões estão exacerbadas, e são os últimos momentos desses espíritos na Terra. Eles serão exilados e, como já perceberam que estão muito próximos do fim, agem como animais fora do controle.

Além disso, há o esvaziamento das regiões Umbralinas e, com isso, poderosos obsessores estão entre vocês. Certos de que serão deportados para outros planetas, e que lá sofrerão as suas penitências, eles querem destruir imediatamente os seus algozes, seu plano está infestado dessas criaturas. Aquele que não se evangeliza, infelizmente não fica imune a esses ataques.

Eu quero te levar a um lugar, Osmar, onde eu poderei te explicar muita coisa, e você vai conseguir entender melhor tudo o que está acontecendo com vocês nesse momento.

– Vamos! – respondi sem pestanejar.

– Você pode ir agora?

– Sim, vamos logo.

Naquele momento, dirigi-me até o escritório e, em desdobramento, segui o Lucas.

Chegamos a um antigo e enorme cemitério.

Eu me assustei...

– O que será que você quer me mostrar em um cemitério, Lucas?

– Você se lembra do começo dessa psicografia?

– Sim, ela começou na porta de um cemitério, mas não é esse.

– Você se lembra que eu disse que o Lonan tinha ido fazer algo no cemitério?

– Sim. Você me disse que, provavelmente, ele tinha ido ajudar alguém.

– Venha, assista a tudo e anote com detalhes.

– Certo.

Caminhamos até chegarmos ao cruzeiro que ficava no ponto central do cemitério. Havia algumas árvores, e resolvemos nos sentar sobre um túmulo muito próximo ao lugar.

– O que iremos ver aqui, Lucas?

– Espere e anote.

Alguns minutos se passaram até que eu vi, mais uma vez, o Lonan. Ele chegou com alguns Exus ao seu lado, todos estavam vestidos de branco.

Elegantes e bem-humorados, eles conversavam sobre algo que eu não conseguia ouvir, mas que lhes provocavam risos. Logo eu vi que o portal do cruzeiro se abriu, e vários obsessores eram trazidos àquele lugar.

Eram espíritos sujos, muito malvestidos, alguns sequer tinham o corpo completo. Eles estavam aprisionados por um grupo de Exus que os levavam até o Lonan.

GUARDIÃO EXU

– Tragam os Quiumbas! – ordenou Lonan.

Não demorou e mais de vinte espíritos passaram pelo mesmo portal. Eram espíritos totalmente confusos e com aparências demoníacas. Uns tinham chifres, outros usavam uma roupa vermelha e preta, outros usavam capas, algumas eram vermelhas, outras pretas. Uns tinham bengalas, outros tinham tridentes nas mãos.

– Esses também são Exus, Lucas?

– Não, eles são Quiumbas. Venha, Lonan nos espera.

Caminhamos em direção ao Lonan que, ao nos ver, sorriu e pediu que nos sentássemos próximos a ele. Eu estava muito curioso quando, baixinho, fiz uma pergunta para o Lucas.

– O que é um Quiumba, Lucas?

– Entidades do baixo astral.

– E o que essas entidades fazem entre nós?

– Deixa que agora eu respondo ao nosso escritor, Lucas, sei que posso ajudar. – disse Lonan, olhando para mim.

"Como será que ele conseguiu ouvir o que eu perguntei ao Lucas?", pensei. Logo, ele começou a me responder em voz alta para que todos pudessem nos ouvir.

– Eles querem, a todo custo, destruir o que os bons espíritos levaram séculos para construir, Osmar, e se utilizam de médiuns desavisados, mal-intencionados, ignorantes, e não cristãos que, infelizmente, abrem as portas da mediunidade e do animismo para a atuação dos Quiumbas, verdadeiros marginais do baixo astral, que tudo fazem para ridicularizar não só a religião de vocês, como também, o médium sério e o Centro Espírita.

Em muitas incorporações nas quais a entidade espiritual, ora se faz presente como Guia Espiritual, ora se faz presente como Guardião, pode ter certeza que, ou é a presença do animismo do médium (arquétipo) ou é a presença de um Quiumba, que nada mais é que um marginal do baixo astral, e é também considerado um obsessor. São espíritos endurecidos e maldosos, que fazem o mal pelo simples prazer de fazê-lo, e tudo o que é da luz e do bem querem, a todo custo, destruir.

– Meu Deus! E Deus permite isso, Lonan?

– Deus permite absolutamente tudo, és livre para tudo experimentar e expiar. Sua vida espiritual é sua, só você pode vivê-la, experimentá-la e exercê-la.

– E de onde estão vindo esses espíritos? Eu vi que eles foram trazidos pelo portal do cemitério.

– Esse é o quarto Reino de Exu, o Reino do cemitério, e é aqui que queremos que você anote tudo.

– Deixa comigo.

– Osmar, esses espíritos, os "Quiumbas", vivem em um lugar onde vocês conhecem por "Umbral", onde há magos e líderes muito poderosos, onde há governantes que escravizam esses espíritos, como você já pôde relatar em outras psicografias.

GUARDIÃO EXU

– Sim, o Lucas e eu já estivemos muitas vezes lá, algumas vezes eu fui com a Nina, entre outros amigos.

– Muitas vezes eles são recrutados através de propinas, pelos Magos negros, para atuarem em algum desafeto seu, Osmar. Na religião de Umbanda existe uma corrente de luz, denominada por vocês de Boiadeiros, que são especializados em desobsessão, e que vocês também usam na Deametria, técnica realizada na Casa Espírita a qual você é dirigente. Os Boiadeiros vivem à caça e à captura desses marginais – os Quiumbas os temem muito.

Os Boiadeiros levam-nos até os Guardiões Exus para que, através da compaixão e da bondade redentora, esses irmãos possam ser "tratados", ou seja, possam ter seus corpos energéticos negativos paralisados através da utilização de fluidos magnéticos que condensamos do magnetismo terreno. A partir daí, estarão prontos para serem encaminhados aos Postos de Socorros Espirituais mais avançados, pois já estarão libertos, através do amor, do arrependimento e do amparo, de toda a maldade adquirida.

– Que legal, Lucas, eu não sabia que o Lonan fazia essa bondade.

– Lembre-se que ele é um Guardião Exu, e onde há o bem, o mal não consegue se expressar.

– Verdade, Lucas. Temos como evitar os Quiumbas em nossas vidas?

– Osmar, o que vocês devem fazer para repelir os nossos irmãos Quiumbas, é fazer o mesmo que é feito na obsessão, ou seja, ter bons pensamentos, boas atitudes, evangelizar-se e ser bom. Lembre-se sempre de que onde houver luz, jamais haverá treva.

– Obrigado, Lucas! Eu posso te perguntar uma coisa?

– Sim, claro.

– Os Quiumbas incorporam nos Centros Espíritas?

– Sim.

– E como identificar um Quiumba incorporado?

– Infelizmente, o que observamos na mediunidade de muitos, é a abertura para a atuação dos verdadeiros Quiumbas, se fazendo passar por Exus, Pombagiras, ou mesmo, Guias Espirituais, levando desgraças para a vida do médium e de todos os que dele se acercam.

Note bem que, um Quiumba, ser trevoso e inteligente, somente atuará na vida de alguém, se este alguém for concomitante a ele, em seus atos e em sua vida. Os afins se atraem. O médium disciplinado, doutrinado e evangelizado, jamais será repasto vivo dessas entidades.

Lembre-se que o astral superior é sabedor, e permite esse tipo de atuação e vibração para que o médium acorde e reavalie seus erros, voltado à linha justa de seu equilíbrio e iniciação.

Como os Quiumbas são inteligentes, quando eles atuam em um médium se passando por um Guardião, infelizmente, vocês acabam vendo nesses médiuns, os irmãos do baixo astral incorporados, mas é fácil identificá-los.

GUARDIÃO EXU

– Você poderia nos ensinar?

– Claro que sim, vamos lá...

Pelo modo de se portarem: são levianos, indecorosos, jocosos, pedantes, ignorantes, maledicentes, fofoqueiros e sem classe nenhuma;

Quando incorporados: machões, com deformidades contundentes, carrancudos, sem educação, com esgares horrorosos e, geralmente, olhos esbugalhados.

Muitos se portam com total falta de higiene, babando, rosnando, se arrastando pelo chão, comendo carnes cruas, pimentas, ingerindo grandes quantidades de bebidas alcoólicas, fumando feito um desesperado, ameaçando a tudo e a todos. Geralmente, ficam com o peito desnudo (isso quando não tiram a roupa toda), utilizam imensos garfos pretos nas mãos.

Geralmente, nos ambientes em que predominam a presença de Quiumbas, tudo é encenação, fantasia, fofoca, libertinagem, feitiçaria para tudo, músicas (pontos) ensurdecedoras e desconexas, nos remetendo a estarmos presentes num grande banquete entre marginais e pessoas de moral duvidosa. Nesses ambientes, as consultas são exclusivamente efetuadas para casos amorosos, políticos, empregatícios, malandragem, castigar o vizinho, algum familiar, um ex-amigo, o patrão etc.

Os atendimentos são preferenciais, dando uma grande atenção aos marginais, traficantes, sonegadores, estelionatários, odiosos, invejosos, pedantes, malandros, alcoólatras, drogados etc., sempre incentivando e dando guarida a tais indivíduos, procedendo a fechamento de corpos, distribuindo "patuás e guias" a fim de protegê-los. Com certeza, neste ambiente estará um Quiumba como mentor.

Certamente, será um Quiumba, quando este pedir o nome de algum desafeto para formular alguma feitiçaria para derrubá-lo ou destruí-lo. Eles costumam convencer as pessoas de que são portadores de demandas, magias negras, feitiçarias, olho-gordo, inveja etc., inexistentes, sempre dando "nome aos bois", ou seja, identificando o feitor da magia negra, geralmente, um inocente (parente, amigo, Pai de santo etc.) para que a pessoa fique com raiva ou ódio, e faça um contrafeitiço, a fim de pretender atingir o inocente para derrubá-lo. Agindo assim, "matam dois coelhos com uma cajadada só": afundam ainda mais o consulente incauto que irá criar uma condição de antipatia pelo pretenso feitor da magia, e pelo inocente que pretendem prejudicar.

Os Quiumbas invariavelmente exigem rituais disparatados, e uma oferenda atrás da outra, todas regadas a muita carne crua, bebidas alcoólicas, sangue e outros materiais de baixo teor vibratório. Atentem bem, que sempre irão exigir tais oferendas, a fim de alimentarem suas sórdidas manipulações contra os da Luz, e sempre efetuadas nas ditas encruzilhadas de rua ou de cemitério, morada dos Quiumbas.

Pelo modo de falarem: impróprio para qualquer ambiente. É impressionante como alguém pode se permitir ouvir palavrões horrorosos, à guisa de estarem diante de uma pretensa entidade a trabalho da luz.

Pelas vestimentas: são exuberantes, exigentes e sempre pedem dinheiro e joias aos seus médiuns e consulentes.

Os Quiumbas incitam a luxúria, incentivam as traições conjugais, as separações matrimoniais e, geralmente, quando incorporados, gostam de terem como cambonos[1], alguém do sexo oposto do médium, normalmente mais novos e bonitos (imaginem o que advirá disso tudo).

Nos atendimentos, eles gostam de se esfregarem nas pessoas, geralmente, passando as mãos do médium pelo corpo todo do consulente, principalmente, nas partes pudendas. Os Quiumbas incorporados conseguem convencer algumas consulentes, que elas devem fazer sexo com eles, a fim de se livrarem de possíveis magias negras que estão atrapalhando sua vida amorosa – e ainda tem gente que cai nessa.

Se for uma Quiumba, mesmo incorporada em homens, costumam alterar o modo de se portarem, fazendo com que o homem fique com trejeitos femininos e escrachados. Costumam também travestir o médium (homem) com roupas femininas com direito a maquiagem e bijuterias.

---

[1] Cambonos (ou cambones) são os médiuns preparados e consagrados ao trabalho de auxiliar e servir aos Mentores e não entram em transe mediúnico, exercendo diversas atividades e responsabilidades dentro de um ritual sagrado.

Eles atendem a qualquer tipo de pedido, o que um Guia Espiritual ou um Guardião de Lei jamais faria. Ao contrário, eles bem orientariam o consulente ou o seu médium, da gravidade e das consequências do seu pedido infeliz.

Os Quiumbas (e só os Quiumbas) adoram realizar trabalhos de amarração, convencendo todos de que tais trabalhos são necessários e que trarão a pessoa amada de volta (ledo engano quem assim pensa). Esquecem-se de que existe uma Lei Maior que a tudo vê e a tudo provê. Se fosse assim tão fácil "amarrar" alguém, certamente, não existiriam tantos solteiros por este país afora e todos os supostos Pais e Mães de santo já teriam ganho o maior prêmio da loteria.

Esses espíritos fazem de tudo para acabar com um casamento, um namoro, uma família, uma relação de amor e cumplicidade, incitando as fofocas, desuniões e magias negras. No caso de Quiumbas se passando por um Guia Espiritual ou mesmo um Guardião, geralmente, utilizam de nomes esdrúxulos, indecorosos e horrorosos, remetendo a uma condição inferior.

Exemplos: Pombagira Leviana; Pombagira Assanhada; Pombagira Prostituta; Pombagira Mariposa; Pombagira da Desgraça; Pombagira Rameira; Pombagira Siririca; Exu Trapaceiro; Exu Tagarela; Exu Lambada; Exu Fracalhão; Exu Gostoso; Exu Falador; Exu Suspiro; Exu Come Tuia; Exu Acadêmico; Exu Galhofeiro; Exu Arruaça; Exu Alegria; Exu Cheira-Cheira; Exu Malandrinho; Exu Encrenca; Exu Topada.

GUARDIÃO EXU

– Meu Deus! – disse, assustado com todas aquelas revelações.

Lucas prosseguiu com os ensinamentos...

– No caso de se passarem por Guias Espirituais, com certeza utilizarão nomes simbólicos que representam, geralmente, condições humanas degradantes, como: Caboclo da Saia Curta; Caboclo da Pá Virada; Preto Velho Beiçudo; Preta Velha Barriguda; Baiano 7 Facadas; Baiano da Morte Certeira; Baiano Cabra Macho; Baiana Risca Faca; Boiadeiro Lascado; Boiadeiro Pé de Boi; Boiadeiro Laço da Morte; Marinheiro da Morte; Marinheiro da Cana Forte, e assim por diante.

– Jesus! Que horror...

– Dificilmente, Osmar, você encontrará Quiumbas se passando por Caboclos, Pretos-Velhos, Crianças ou Linha do Oriente. Já os Baianos, Boiadeiros, Marinheiros e Ciganos, favorecem aos médiuns incautos a presença de Quiumbas mistificados, pelo fato de terem o arquétipo totalmente desvirtuado pelos humanos.

É só observar. É simples verificar a presença de um deles em algum médium. Tudo o que for desonesto, desamor, desunião, invigilância aos preceitos ensinados pelo Evangelho de Nosso Senhor Jesus Cristo, personalismos, egocentrismo, egolatrias, sexo, falta de moral etc., com certeza, estará na presença de um Quiumba.

– Graças a Deus e a vocês, eu nunca fiz isso no meu terreiro.

– Cuidado! Eu vos alerto. – disse Lonan, entrando em nossa conversa.

Não caiam nessa armadilha. Quando os Quiumbas se agarram vibratoriamente a um médium, dificilmente largarão aqueles que os alimentam com negatividade, dando-lhes guarida por afinidade.

Tudo isso foi explicado, para que os nossos irmãos possam avaliar a gravidade, e para que não permitam a presença de qualquer espírito em suas mediunidades. Vale lembrar que, semelhantes atraem semelhantes, Osmar. Analisem dentro da razão e do bom senso, e constatarão a veracidade dos fatos.

– Não estamos aqui para criticar esse ou aquele irmão com sua mediunidade, mas sim, esclarecer a todos os desavisados que poderão estar sujeitos a terem ao seu lado, não um Guia Espiritual de Luz, e sim, um espírito embusteiro, cuja finalidade é tão somente a de achincalhar a sua religião, a sua mediunidade, e a de levar o médium e seus seguidores, à falência espiritual. – disse Lucas.

– Como sou grato a vocês por tudo isso. E prometo vigilância total nos trabalhos das duas Casas Espíritas as quais eu sou o dirigente.

– Estejam atentos, nós não somos diabos, não somos o mal, somos Exus, somos Guardiões e mensageiros. – disse Lonan.

– Eu não tenho palavras para agradecer a vocês por tantos ensinamentos, Lonan.

GUARDIÃO EXU

– Não agradeça escritor, escreva...

– Sou grato, Lonan.

– Hoje você conheceu o quarto Reino de Exu. É aqui que mantemos o equilíbrio, é aqui que tratamos nossos irmãos que, perdidos e sob a cegueira da vingança, se destinam ao mal. Saiba que estamos trabalhando há milhares de anos sob a égide dos Orixás, que nos comandam e nos assessoram nos causos mais difíceis, porque somente os Orixás detêm o amor pleno, e é através do amor pleno que tudo se realiza.

Naquele momento, eu vi que um outro portal se abriu ao lado do cruzeiro, e todos aqueles espíritos foram levados.

Como é lindo o amor de Jesus por todos nós.

Lucas, emocionado, olhou para mim carinhosamente.

Lonan era só alegria.

Naquele dia, eu aprendi um pouco mais sobre o que é realmente um Exu.

Precisamos ser mais humildes de coração.

Precisamos aprender com os espíritos.

Precisamos nos modificar todos os dias.

Precisamos ter mais amor no coração.

Precisamos aceitar que ainda somos aprendizes nessa estrada evolutiva e que, somente nos modificando, é que conseguiremos atrair para o nosso convívio, espíritos de tamanha envergadura. Só aprendendo e nos reeducando é que atrairemos para a nossa vida nossos amados Exus.

Os Guardiões de tudo e de todos.

Não há caminho que não haja Exu.

Laroyê Exu, Exu é Mojubá...

Naquele momento, Lucas se aproximou de mim e me convidou a segui-lo para um outro lugar.

– Venha, Osmar, ainda temos muita coisa para ver.

– Eu estou impressionado com tudo o que o Lonan me disse, sinceramente, eu sempre pensei assim, mas faltava ainda esse esclarecimento. Precisamos realmente de um guia, um norte, um espírito como o Lonan para nos guiar, nos orientar, e nos mostrar realmente o que são e como vivem os Exus.

– Que bom que você está assimilando tudo com facilidade, Osmar. Agora, precisamos ir para o quinto Reino, um amigo nos espera por lá.

– Quem nos espera?

– Narcisa.

– Narcisa?

– Sim, a Guardiã desse Reino.

– Meu Deus! O que mais precisamos aprender?

– Venha, vamos. – disse Lucas, começando a caminhar em direção a uma trilha à esquerda.

– Até breve, Lonan! – despedi-me do mentor, que me olhava atencioso.

– Venha, Osmar. – insistia Lucas.

Acelerei o passo e me aproximei de Lucas, que disse:

GUARDIÃO EXU

– Pegue a capa que está dentro da sua mochila e coloque-a.

Mesmo caminhando, eu consegui abrir a mochila e retirar uma capa preta a qual vesti rapidamente.

Era entardecer naquele lugar, o Sol se punha no horizonte.

Era um lindo fim de dia.

A friagem começava...

> "
> Só há trevas onde não existe luz...
> "
>
> *Lonan*

OSMAR BARBOSA

Reino das almas

A trilha era estreita e começava a entrar em uma mata.

Árvores começavam a aparecer por todo o lugar. Logo, eu percebi que estávamos a subir uma colina bem íngreme.

– Venha, Osmar. – dizia Lucas, acelerando a caminhada.

– Estou indo o mais rápido que posso, Lucas.

– Precisamos chegar lá antes do anoitecer.

– Certo. – disse apertando o passo.

O lugar era muito bonito, como a maioria dos lugares na vida espiritual.

Tudo é perfeito.

Após algumas horas caminhando, chegamos ao cume de uma linda e esplêndida montanha. No topo não havia árvores. O lugar era um belo descampado. A relva rasteira e colorida deixava o alto daquela colina esplendorosa.

Foi quando eu avistei uma pequena cabana feita de pedras, uma sobreposta a outra. Parecia que a cabana era toda feita com o material recolhido do próprio lugar.

O telhado era de palha.

175

GUARDIÃO EXU

As portas e as janelas eram de tecido colorido.

Havia, ainda, muitas flores rodeando e embelezando aquele lugar todo especial.

Naquele trecho do caminho, eu conseguia sentir o capim, na altura dos meus joelhos, acariciarem as minhas pernas enquanto nos aproximávamos do lugar.

Uma estreita e bela trilha nos conduzia até uma pequena varanda na qual eu pude ver algumas cadeiras antigas dispostas no ambiente.

Pendurados no portal de entrada da varanda, havia um sino de tamanho médio, e alguns vasos de flores que embelezavam ainda mais a pequena choupana.

Logo, pensei... "Só pode ser a casa de Narcisa, tem um toque feminino em tudo naquele lugar".

Ao nos aproximarmos um pouco mais, eu pude ver que uma linda jovem abriu a porta principal da cabana e saiu até a varanda para nos esperar.

Lucas olhou e acenou com a mão direita.

E eu estava ali, muito grato e feliz, no alto de uma linda e magnífica colina ao lado do meu amigo e mentor, em mais um Reino o qual acreditava ser de Exu.

A jovem, muito bonita, olhava para nós com ternura esperando que chegássemos ao seu encontro.

– Aquela é Narcisa, Lucas?

– É Dimitra, filha de Narcisa.

– Posso ver daqui que ela é muito bonita.

– Sim, ela é realmente muito bonita, venha. – disse Lucas, quase me puxando para chegarmos logo ao nosso destino.

Acelerei o passo até que nos aproximamos da jovem Dimitra que, sorrindo, nos recebeu.

– Sejam bem-vindos, meus amigos! – disse a jovem.

Naquele instante, eu pude perceber que a beleza que aquela menina nos mostrava à distância, nem se comparava à beleza real dela. Eu não consegui esconder a minha surpresa e, logo, a jovem disse:

– Não se impressione com a minha beleza, Osmar, ela foi adquirida após muitas experiências que me tornaram o que sou hoje.

– Perdoe-me, mas deu para notar a minha admiração?

– Quem não a nota? – disse Lucas, sorrindo.

– Perdoem-me, meus amigos. Eu tenho andado ao lado de vocês já há algum tempo. Já estive em diversas Colônias, estive até no Egito onde lembro ter visto espíritos muito bonitos, mas confesso que ainda não tinha visto uma beleza como a sua Dimitra. – disse olhando para ela.

– Obrigada, Osmar!

Dimitra é morena de olhos claros, cabelos longos, dentes brancos e lábios carnudos. Seu corpo, escultural, a distingue de quase todos os espíritos que eu já pude encontrar nos desdobramentos que estive.

GUARDIÃO EXU

Sua voz soa como uma sonata em nossos corações. Realmente, eu ainda não tinha visto uma mulher tão linda na vida espiritual como a Dimitra.

– Venham, vamos entrar. – disse a jovem nos convidando.

A porta foi aberta e eu pude ver que a cabana era bem-organizada. Havia uma cozinha, uma grande sala e alguns quartos.

– Desejam beber algo?

– Não, obrigado, Dimitra. – disse Lucas.

– E você, Osmar, quer beber alguma coisa?

– Não, obrigado.

– A minha mãe já está vindo, ela não vai demorar. Se vocês preferirem podemos nos sentar na varanda, e apreciar o lindo fim de tarde.

– Não perco isso por nada. – disse Lucas, se apressando.

Fomos, então, nos sentar na varanda.

Lucas se sentou entre mim e a Dimitra.

– Que Reino é esse em que estamos, Lucas?

– Esse é o Reino das almas. – disse Dimitra, me respondendo.

– Como ele funciona, digo, qual é a sua funcionalidade?

– Daqui de onde estamos, minha mãe e eu, e claro, com a ajuda de alguns outros amigos, cuidamos, supervisionamos e administramos os pontos altos do seu plano espiritual, da sua dimensão. Cuidamos também dos resgates de espíritos que desencarnam em hospitais e, além disso, ainda somos responsáveis por recolher os espíritos que ficam nos necrotérios.

– Necrotérios?

– Sim, logo após o desencarne, a maioria dos espíritos, por ainda não se reconhecerem como espíritos, ficam a velar seus corpos mortos na esperança deles reviverem.

– A maioria? Como assim?

– Infelizmente, sim, a maioria.

– Como isso acontece?

– Os lugares que mais têm espíritos vagantes são os hospitais e os necrotérios. Assim que o corpo morre, o espírito entra em desespero, principalmente, aqueles que estão muito ligados às coisas materiais, o que ocorre, infelizmente, com a grande maioria.

Ao morrer e perceber que o seu corpo físico não reage mais aos estímulos espirituais, o espírito desencarnado entra em desespero e quer, a todo custo, revivê-lo com o objetivo de não perder as coisas que conquistou, e ter que deixar para as pessoas da família tudo o que adquiriu durante sua encarnação.

Tudo isso causa um desequilíbrio enorme no plano físico, e é aí que agimos. Nosso Reino é responsável por tirar esses espíritos de tais sofrimentos, oferecendo a eles uma nova oportunidade nas Cidades Espirituais.

GUARDIÃO EXU

Naquele momento, nós vimos uma senhora se aproximando da cabana, e ela vinha pela mesma trilha que nós. Dimitra se levantou colocando a mão rente à testa, como se quisesse confirmar quem era.

– A minha mãe está vindo.

– Que bom, poderei rever a Narcisa. – disse Lucas, animado.

Narcisa estava acompanhada de mais alguns espíritos, era uma pequena caravana que se aproximava de nós.

Eu pude contar um total de nove espíritos.

Sete homens e somente duas mulheres.

Dimitra permanecia de pé à espera de sua mãe.

Narcisa finalmente se aproximou da varanda.

Lucas deu um salto da cadeira e se jogou nos braços daquela bela senhora.

– Narcisa, minha querida e amada amiga! – disse Lucas, abraçando carinhosamente a Guardiã.

Eu também fiquei de pé para observar melhor a todo aquele encontro e poder relatar tudo para vocês.

Narcisa é uma mulher de, aproximadamente, 40 anos de idade. Morena, cabelos cacheados sobre os ombros. Ela estava vestida com uma linda e justa calça branca, usava uma bata da mesma cor, e botas pretas. Sobre os ombros, uma linda estola na cor bege embelezava ainda mais aquele espírito.

Eu pude ver que a sua luz espiritual era intensa e de cor prateada.

– Quem é o nobre visitante? – perguntou a Guardiã.

– Um amigo escritor, seu nome é Osmar, Narcisa.

– Ele está escrevendo sobre nós, Lucas?

– Sim, Lonan solicitou essa psicografia a nós.

– Que bom, seja bem-vindo, Osmar!

– Eu é que agradeço a oportunidade, Narcisa.

Um senhor estava com eles, e confesso que aquele homem chamou a minha atenção.

Seu estado espiritual era lastimável. Ele estava todo sujo de sangue, suas roupas, esfarrapadas, e o seu semblante era de muita tristeza. Cabisbaixo, ele sequer olhou para nós.

Naquele momento, Dimitra pegou aquele senhor pelo braço elevou-o para dentro da cabana. Os demais se dispersaram sem nada a dizer. Alguns, foram para os fundos da cabana, outros, voltaram pela mesma trilha sem dizer nada também.

– Venha, Lucas, vamos nos sentar. – disse Narcisa.

Conforme a orientação, seguimos Narcisa até a varanda e nos sentamos naquelas cadeiras novamente.

– Vejam, meus amigos, o Sol já vai se pôr.

Vimos quando o Sol se punha no horizonte. Seus últimos raios clareavam a relva colorida a nossa frente. A luz da varanda se acendeu e, por alguns minutos, ficamos calados, simplesmente contemplando o lindo pôr do sol.

GUARDIÃO EXU

Após alguns minutos, Narcisa quebrou o silêncio.

– Então, Lucas, como estão todos em Amor e Caridade?

– Muito trabalho, minha amiga.

– Como estão a Nina e o Daniel?

– Estão bem. Estamos lotados, Amor e Caridade nunca recebeu tantos espíritos.

– É a Nova Era. Aqui também estamos com muito trabalho.

– Não temos do que reclamar. – disse Lucas.

– É verdade, não temos que reclamar de nada, somente agradecer a todas as oportunidades.

– O Osmar está escrevendo um livro sobre vocês, os Guardiões Exus. Lonan pediu que viéssemos até aqui para que você pudesse explicar para nós, neste livro, qual é a finalidade do seu Reino e o que vocês fazem aqui.

– Ele me avisou que vocês viriam. O nosso Reino é o quinto Reino de Exu. Estamos aqui desde a criação, assim como todos os outros Reinos.

O nosso trabalho consiste em manter o equilíbrio através da vigilância que exercemos sobre as falanges inferiores que trabalham nas regiões baixas do plano terreno.

Além disso, recolhemos os espíritos vagantes. Espíritos que, após se reconhecerem como espíritos eternos, ainda insistem em viver ao lado de seus corpos putrefatos. Por desconhecerem as Leis Divinas, esses infelizes irmãos sofrem muito ao lado dos familiares e das pessoas que amam, mas não compreendem quem são de verdade.

A nossa missão, o nosso trabalho, é recolher os escolhidos e autorizados pelos planos superiores, pois "Não se recolhe Anjos em meio aos Demônios".

Para que esses espíritos possam sair dessa vibração espiritual, desse estado psíquico sombrio, são necessários espíritos que estejam acostumados a esses lugares, pois são ambientes de muito sofrimento, como você já sabe, Lucas. Por isso, somos o Reino com maior atividade nesse momento terreno.

Quando um espírito morre e não tem o conhecimento das Leis Divinas, rapidamente ele as infringe e, infringindo-as, somos acionados para retirá-lo desses ambientes a fim de manter o equilíbrio terreno. Esse é o nosso trabalho, essa é a função do Reino das almas.

– Meu Deus!

– O que houve, Osmar?

– Estou espantado com a perfeição divina, Ele pensou em tudo...

– Ele sempre pensa nos seus filhos, estamos no equilíbrio, somos os mensageiros, Osmar.

– Nossa, como é lindo e amoroso o trabalho de vocês, Narcisa.

– Obrigado, Osmar!

GUARDIÃO EXU

Naquele momento, Dimitra abriu a porta da cabana e trouxe até nós, totalmente modificado, aquele homem que havia chegado todo sujo.

– Vejam quem está renovado...

Eu quase não reconheci o homem que, há pouco, estava todo maltrapilho.

– Venha. – disse Dimitra.

– Perdoem-me. – disse o homem, se aproximando de nós.

– Não tens que pedir perdão, Rodolfo. – disse Narcisa.

– Sente-se aqui. – disse Lucas.

Ele se aproximou e se sentou entre nós.

Dimitra aproveitou o momento, e também se sentou na varanda.

A noite já se fazia presente.

Foi quando uma mulher apareceu e trazia consigo uma moringa com água fresca e alguns copos que pareciam ser de alumínio, algo muito antigo.

Fomos servidos por ela.

Rodolfo, nosso visitante, bebeu daquela água como se estivesse um bom tempo sem beber nada. Ele pegou o copo e bebeu o líquido rapidamente, como se estivesse morrendo de sede.

Lucas e eu não bebemos nada.

– Osmar, esse é o Rodolfo, nós o resgatamos de um necrotério, alguns dias após o seu desencarne.

– Você está bem, Rodolfo?

– Sim, agora estou. Perdoem-me pela sede, é que eu não bebo água desde o meu desencarne.

– Conte para os meus amigos tudo o que você me contou, Rodolfo, por favor.

– Sim, conto sim, com prazer...

Após uma pausa refletiva, o homem começou a contar a sua história...

– Meu nome é Rodolfo. Sou casado e pai de duas meninas, a Clarice e a Maria Antônia. Clarice é uma homenagem a minha avó materna, que nos deixou quando eu ainda era menino.

Minha esposa se chama Raquel.

Sou um homem muito rico, quer dizer, eu era um homem muito rico.

Eu morri... bem, na verdade, eu fui assassinado em um assalto.

Eu estava voltando do trabalho quando dois rapazes em uma moto cercaram o meu carro e, após um gesto mal-interpretado, um deles atirou algumas vezes em direção a minha cabeça.

Logo após o meu corpo cair baleado no chão, eu percebi que ele não respondia mais as minhas ordens. Eu fiquei desesperado ao lado do meu corpo, pensando o que eu poderia fazer para que ele voltasse a funcionar, já que eu não

GUARDIÃO EXU

tinha morrido... como assim, o meu corpo não me obedecia mais?

Eu nunca fui uma pessoa religiosa, não tinha tempo para isso. Durante toda a minha vida eu trabalhei duro para conquistar tudo o que eu tenho, ou melhor, o que eu tinha.

Assim, fiquei muitas horas ao lado do meu corpo.

Eles me cobriram com um pano preto para impedir que as pessoas vissem o meu rosto todo espedaçado pelas balas do revólver assassino. Engraçado que teve até uma mulher que se aproximou de mim e acendeu algumas velas, como se elas fossem me iluminar... confesso que eu não entendi muito bem o porquê daquilo.

Corri para apagá-las, pois eu não estava morto... como assim?

Após toda a minha família chegar ao local e todos ficarem desesperados, eu também me desesperei. Foi só aí que eu percebi realmente o que havia acontecido comigo.

Eu precisava da vida em mim novamente...

Foi quando, de repente, dois rapazes chegaram e puseram o meu corpo dentro de uma caçamba rasa e a colocaram dentro de um rabecão – aqueles carros que transportam defuntos.

Fui levado para o IML[2], e lá, sim, eu vivi a pior experiência que um homem pode viver. Um médico-legista e

---

[2] Instituto Médico Legal.

um auxiliar abriram o meu corpo como se eu fosse um cachorro, sem dó nem piedade. Eles me cortaram como um porco, colocaram todos os meus órgãos e as minhas tripas para fora.

Aquilo me deixou com muito ódio de tudo...

Depois de olharem todos os meus órgãos, eles colocaram tudo de volta ao meu corpo e me costuraram, logo após, fui colocado em uma geladeira.

Após dois dias, fui levado até um cemitério onde, depois de muito sofrimento, eu fui enterrado. Naquele momento eu me lembrei de quando minha mãe dizia que, um dia, todos nós seríamos ressuscitados.

Foi muito triste e odioso ver as minhas filhas chorando sobre o meu corpo inerte, sem poder fazer nada. Por que fizeram isso comigo?

Eu vi que o meu cunhado já tinha tomado posse de todas as minhas coisas, inclusive, das minhas lojas, das minhas joias, dos meus carros, enfim, de tudo. Eu mal tinha morrido, e tudo o que era meu, estava nas mãos daquele desgraçado que sempre quis me destruir. Ele nunca trabalhou, sempre ficou encostado na mãe e na irmã, a minha esposa Raquel.

Eu fiquei ao lado do meu corpo por um tempo que nem eu sei explicar, mas foram muitos dias, não sei quantos.

GUARDIÃO EXU

Até que um dia, um espírito bom apareceu para mim e eu decidi, finalmente, dar ouvidos a ele.

Muitos espíritos tentaram me persuadir para que eu me vingasse do meu assassino. Eles até mostraram para mim o lugar onde ele morava, mas eu não estava preocupado com isso, a minha única preocupação era com os meus bens, com tudo aquilo que eu levei anos para construir e que, agora, estava nas mãos do meu cunhado.

Enfim, tudo isso mudou quando a Narcisa apareceu para mim.

Quando eu vi a luz dessa mulher, quando ela me explicou que de nada adiantaria eu ficar ali, que os meus bens nunca foram meus de verdade, pois eles sempre foram da Terra e, na Terra permaneceriam, eu me convenci de que precisava seguir em frente. E após alguns dias ao lado dessa amiga e Guardiã, eu decidi largar tudo para trás, e hoje estou aqui, pronto para recomeçar.

Eu sou muito grato a todos pelos conselhos e pelos ensinamentos recebidos até agora, tenho certeza que estou só no começo do meu novo caminho, mas estou preparado e, principalmente, desapegado das coisas materiais, pois eu me convenci de que sou um espírito, e como espírito devo agir daqui para frente se eu realmente quiser ser feliz e reencontrar as minhas filhas.

Narcisa olhava com ternura para Rodolfo.

Lucas me olhava sorrindo.

– A vida não é terrena, a vida é, e sempre será, espiritual. – disse Dimitra.

– Estou convencido que preciso deixar as pessoas que eu amo seguirem seus destinos, pois um dia, todos vamos nos encontrar novamente. O dia que eu me encontrar com a minha esposa e com as minhas filhas, tenho certeza de que tudo será explicado.

– É na vida espiritual que a verdade se expressa em sua totalidade. – disse Lucas.

– Eu nem lhe apresentei... esses são o Lucas e o Osmar. O Lucas, como você pode ver, é um espírito como nós, já o Osmar, é um médium que está desdobrado aqui conosco e está anotando e relatando tudo o que nós estamos passando para ele. – disse Narcisa.

– Você poderia levar uma carta minha para as minhas filhas? Eu já ouvi dizer que médiuns são aqueles que escrevem as cartas do além. Não é isso?

– Sim, somos os carteiros.

– Então, você poderia escrever uma pequena cartinha para as minhas filhas?

– Se for permitido, eu levo sim, Rodolfo.

– Ele pode levar, Narcisa?

– Se o Lucas autorizar...

GUARDIÃO EXU

– Está autorizado, meu amigo, relate o que você quer dizer para as suas filhas.

– Posso começar?

– Pode.

– Vamos lá, ai meu Deus, estou nervoso novamente.

– Tenha calma, temos todo o tempo do mundo. – disse Narcisa, acariciando o braço direito de Rodolfo.

– É que eu não sei o que dizer...

– Diga que está bem, que agora já se compreendeu como um espírito eterno, e que você vai seguir a sua vida por aqui e deseja que elas sigam a vida delas por lá. – sugeriu Narcisa.

– Eu vou dizer isso sim, e algo a mais... vou aproveitar essa oportunidade para pedir a elas que tenham uma religião, vou aproveitar para pedir que elas se evangelizem, pois foi o que mais me fez sofrer aqui, a falta de conhecimento da vida após a vida.

Se eu soubesse de tudo o que você já me explicou, Narcisa, eu não teria passado tanto tempo ao lado daqueles espíritos ruins, que tentaram, a todo custo, me levar para o lado deles.

Eles diziam a todo tempo que eu deveria me vingar. Eles mostravam para mim tudo o que o meu cunhado fazia com as minhas coisas, e isso, me causou muito sofrimento e dor. Ainda bem que vocês apareceram para me salvar... é isso o que eu tenho para dizer a elas.

– Então, diga, Rodolfo. – disse a ele.

– Vamos lá...

Queridas Clarice, Maria Antônia e Raquel,

Eu estou bem. Quero avisar que, no começo, tudo foi muito difícil, mas graças a Deus eu recebi a ajuda de alguns amigos espirituais e me encontro mais equilibrado agora.

Sabe, não foi fácil tudo o que passei, mas isso se deu porque eu nunca fui a uma igreja, sequer sei uma frase religiosa, um texto bíblico ou uma frase de luz.

Meus eternos amores, hoje eu conheci alguns amigos que me deram a oportunidade de escrever essas linhas para vocês.

Meus amores, por favor, tenham uma religião, busquem estudar o espiritismo, pois eu descobri que eu não sou uma alma, eu sou um espírito eterno que ficará aqui esperando por vocês.

Quando eu morri, sofri por alguns dias por não me compreender como eu verdadeiramente sou. Busquem às coisas espirituais, pois é delas que todos precisamos saber quando deixamos o corpo morrer.

Ainda não me encontrei com ninguém da nossa família, também acabei de chegar, que pretensão a minha achar que meus antepassados estão a minha disposição.

GUARDIÃO EXU

Uma amiga aqui me explicou que colhemos na vida espiritual os frutos da semeadura terrena, por isso, façam o melhor da vida de vocês, eu estarei aqui lhes esperando.

Amo você, Clarice, amo você, Maria Antônia, sou e serei eternamente o pai de vocês.

Raquel, leve essas meninas a um Centro Espírita, evangelizem-se. Estudem as coisas dos espíritos, é muito necessário que saibamos quem realmente somos quando o corpo morre.

Cuidem-se... Com amor...

Rodolfo

– Anotou, Osmar?

– Sim, é uma linda carta, Rodolfo, parabéns!

– Obrigado, médium, por sua dedicação.

– Eu é que agradeço as oportunidades que tenho todos os dias, Rodolfo, sem elas seria como uma pluma perdida nas brisas das encarnações.

Naquele instante, eu pude ver que atrás de nós, naquela trilha estreita, um túnel de luz se abria, e de dentro dele saíam alguns espíritos que caminhavam em nossa direção.

Rodolfo estava de costas para a trilha e não percebeu nada.

Lucas olhou para mim como se pedisse para não falar nada...

Nas faces de Narcisa e Dimitra eu via sorrisos de amor.

Foi quando a pequena caravana se aproximou de nós e todos ficaram de pé, atrás de Rodolfo.

– Rodolfo?

– Sim, Narcisa.

– Olhe para trás.

Rodolfo se levantou e virou-se rapidamente. Emocionado, ele levou as duas mãos ao rosto e, admirado e em lágrimas, disse com a voz trêmula: – Vó...

Uma senhora de cabelos brancos abriu os braços à espera do neto.

Rodolfo correu em sua direção e eles se abraçaram...

Naquele momento, eu não contive as lágrimas, e chorei...

O abraço demorou alguns minutos.

Clarice abraçava o neto com ternura e acariciava a cabeça de Rodolfo com a mão direita.

Um senhor que também achei ser um familiar de Rodolfo, os abraçou...

Todos estavam felizes.

Após alguns minutos, Rodolfo olhou para nós e, com um aceno, se despediu daquela cabana onde Lucas, Narcisa, Dimitra e eu estávamos sentados.

Eles caminharam em direção ao túnel e sumiram na imensidão de luz...

– Missão cumprida. – disse Dimitra.

GUARDIÃO EXU

– Sim, filha, mais um irmão salvo e encaminhado para os planos superiores.

– Vocês sempre fazem isso?

– Esse é o nosso Reino, Osmar, o Reino das almas, da Guardiã Exu.

– Meu Deus! Quanto ainda temos a aprender...

– Venha, Osmar, vamos embora. – disse Lucas, se levantando.

Após abraços saudosos e sorrisos de até breve, deixamos o Reino das almas.

Espero, um dia, rever Dimitra e sua amada mãe.

> "
> *Meu amor se expressa em todos os lugares.*
> "
>
> *Jesus*

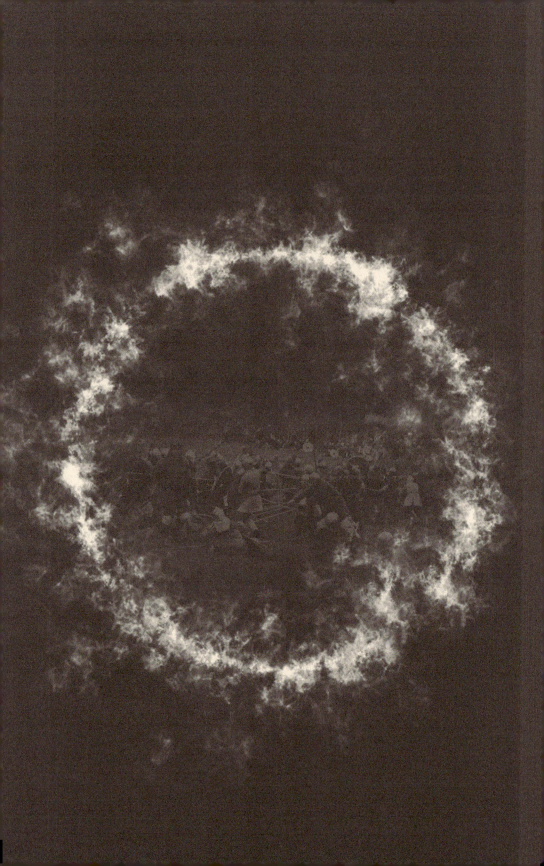

OSMAR BARBOSA

Reino da lira

Os dias se passaram, e eu estava muito ansioso para visitar outros Reinos, afinal, eu estava fascinado com a grandeza de Exu. Foi quando Lucas chegou novamente durante a minha caminhada matinal.

– Precisamos terminar o livro. A Nina precisa de você.

– Vou encerrar a minha caminhada e te encontro no escritório.

– Certo, não demore.

– Estou indo.

Interrompi o meu percurso e voltei rapidamente para casa. Logo, me preparei e fui para o escritório, mas só depois de um bom banho e uma xícara de café bem quente.

Ao chegar e me preparar, o Lucas também chegou.

– Venha, desdobre-se, pois precisamos nos encontrar com Lonan.

Desdobrei-me e o segui.

Chegamos ao Umbral.

– O que estamos fazendo aqui no Umbral, Lucas?

– Vamos ao Reino da lira.

– Reino da lira? O quer dizer isso?

– Porta do Inferno.

GUARDIÃO EXU

– Porta do Inferno, Lucas?

Ele não me respondeu.

Eu estava muito preocupado, como assim, Porta do Inferno?

Caminhamos por algum tempo em uma trilha bem estreita, até que chegamos a uma clareira onde não havia nada, nem ninguém.

Lucas parou e ficou me esperando.

Eu estava tão nervoso que me afastei dele sem perceber.

– Cheguei, Lucas.

– Vamos esperar por Lonan.

– Certo.

– Alguns minutos se passaram, até que eu pude avistar uma grande caravana vindo em nossa direção.

À frente do grupo, eu vi uma enorme biga[3], daquelas muito antigas, e dentro dela estava o Lonan, alto, soberano e esbelto... lá estava ele, novamente pronto a nos ensinar sobre os Exus.

O cavalo que puxava a biga era bastante alto, assim como a biga de cor dourada. Em suas laterais, tinham alguns desenhos, os quais eu pude ver que eram de dragões cuspindo fogo.

Atrás de Lonan vinham mais algumas bigas, mas menores. Todos estavam vestidos com trajes romanos bem anti-

---

[3] Na Roma antiga, carro de duas ou quatro rodas puxado por dois cavalos.

gos. Eles usavam capacetes como os daqueles antigos romanos, com penas coloridas. Vestiam uma espécie de saia com adornos dourados, e um colete de ferro para proteger o peito.

Todos estavam vestidos assim.

Rapidamente, todo aquele exército de benfeitores se aproximou de nós. Lonan, ao chegar perto de nós, nos chamou para perto dele.

– Bons dias, rapazes!

– Bom dia, Lonan!

– Subam na biga.

Lucas subiu e ficou me esperando.

Eu estava muito indeciso sobre o que fazer naquele momento, quando o Lucas me chamou a atenção.

– Venha, Osmar, suba logo!

Obedecendo, subi rapidamente. Lonan deu o comando ao cavalo para que começássemos a cavalgada. O animal, em disparada, seguiu por uma estrada que não era visível para mim assim que chegamos naquele lugar.

O Umbral é um lugar muito escuro e, algumas tochas presas às bigas, ajudavam a iluminar o caminho. Após algum tempo, chegamos a uma cidade que estava praticamente destruída.

Tudo estava em pedaços.

Foi quando eu vi um enorme portal de fogo. Ele tinha, aproximadamente, uns oitenta metros de diâmetro, algo

GUARDIÃO EXU

fora da realidade, daqueles portais que eu havia visto em minhas visitas ao Umbral, em outras ocasiões.

Ao nos aproximarmos ainda mais da cidade, eu pude ver centenas de espíritos lutando uns contra os outros, era uma verdadeira guerra.

Os homens e as mulheres digladiavam-se entre eles tentando, de alguma forma, se destruírem. Alguns, tinham espadas nas mãos, outros, afiadas lanças, que perfuravam os corpos já mutilados da maioria dos que ali lutava.

Algo inimaginável para um espírito como eu.

Eu já havia estudado sobre as batalhas antigas, mas aquela era bem atual e real, e acontecia ali diante dos meus olhos mediúnicos.

Gritos de pavor e ódio já eram ouvidos da distância em que estávamos da batalha. Parecia que os espíritos lutavam na tentativa de passar por aquele portal.

Foi quando, ao perceberem que o pequeno exército de Lonan se aproximava, a maioria deles deu em retirada. Lonan pouco precisou fazer para socorrer os Guardiões que defendiam aquele portal.

Foi uma correria generalizada quando eles perceberam a nossa chegada. Eu me segurava com todas as minhas forças na biga em que estávamos.

Lucas estava firme ao meu lado enquanto o Guardião Lonan, soberbo que era diante daqueles infelizes espíritos, erguia seu braço direito empunhando uma brilhosa lança, enquanto todos os outros Guardiões gritavam de alegria ao perceber a chegada do grande líder.

– Honras a Lonan! – gritavam os soldados.

– Honras a Lonan! – todos repetiam.

Os infelizes espíritos que tentavam destruir o grande portal, logo correram em direções variadas, pois todos, sem exceção, temiam a Lonan.

Naquele dia, eu percebi como é grande o Guardião Exu, Lonan.

Logo, o portal brilhou ainda mais forte, e eu podia ouvir as labaredas do grande portal, parecia até um vulcão em erupção, tamanho o poder energético daquele lugar.

Admirado e feliz em poder ver e relatar tudo aquilo, eu esperava ansioso pelo momento em que pudéssemos parar para eu perguntar ao Lonan, ou mesmo ao Lucas, o que era aquilo... que lugar era aquele, com tanta energia e poder...

O que seria o Reino da Ira?

Seria ali, a porta do Inferno?

Será que é o lugar onde moram o Diabo e os espíritos maus?

Que lugar mágico era aquele?

Lonan deu algumas voltas com a sua biga entre aquela multidão de espíritos que o saudava, alegres e felizes com a sua presença.

Tudo ficou renovado.

Mulheres, jovens e adultos saíram de suas velhas casas e apareceram, simplesmente para saudar o grande Lonan.

GUARDIÃO EXU

As ruas ficaram cheias.

Todos dançavam para comemorar o final da batalha, que eu sequer sabia o motivo. Mas eu pude perceber a importância de Lonan naquela hora, naquele lugar.

Finalmente, Lonan decidiu parar sua biga no meio da multidão, que o arrancou de perto de nós e o carregou pelos ombros até um coreto antigo que havia no meio da praça principal onde estávamos.

No coreto havia um rapaz que eu reparei ser diferente de todos os demais espíritos que ali estavam, ele tinha muita luz... parecia um anjo, e era o único que estava todo vestido de branco, com trajes totalmente diferentes do que todos usavam, ele parecia um anjo perdido naquele lugar.

Lonan, ao subir no coreto, abraçou o lindo rapaz como se fosse um grande e saudoso amigo. A multidão cercou todo o lugar para ouvir as palavras do sábio Guardião.

Todos estavam muito felizes. Foi quando Lucas me chamou.

– Venha, Osmar, vamos.

– Vamos para onde?

– Venha. – insistiu Lucas.

Não foi fácil atravessarmos pela multidão, mas conseguimos chegar até uma varanda em um lugar que mais parecia um antigo restaurante, pois eu pude ver várias mesas e cadeiras dispostas no ambiente para as pessoas se sentarem.

Ficamos em um local privilegiado.

Podíamos ver tudo e a todos.

Em um determinado momento, o silêncio tomou conta do lugar, todos estávamos à espera das palavras de Lonan. Nosso Guardião-amigo levantou os braços pedindo para todos ficarem em silêncio.

Lonan, enfim, começou a falar.

– "Meus amigos e irmãos. Mais uma vez, organizações sombrias tentaram destruir o nosso portal. E, mais uma vez, lutamos para afastar esses infelizes que se compreendem, mas não estão dispostos à mudança.

Nosso portal, como todos sabem, é a porta do Inferno, aqueles que daqui partem, destinam-se a viver em plenitude nas Colônias Espirituais, nas Cidades de Luz, nos Planos transitórios e toda evolução.

Os que do lado de cá estão, precisam ser aceitos nesses lugares, como todos sabemos.

O Inferno é aqui."

As pessoas começaram a gritar e a comemorar pelas palavras de Lonan. Após grande exaltação, ele tornou a levantar os braços como se pedisse silêncio para continuar a falar.

Todos se calaram.

– "Do outro lado do portal do Inferno está a felicidade, destino de todos nós. Mas precisamos merecer, precisamos mudar, precisamos nos vencer.

Vencer nossos mais íntimos desejos.

Vencer nosso mau-caratismo.

Vencer nossas paixões mundanas.

Lá, não é lugar de orgias, de desonestidades e, muito menos, de espíritos zombeteiros. Enquanto não vencermos a nós mesmos, não poderemos adentrar esse lindo portal e sermos acolhidos pelos nossos irmãos de luz.

Defenderemos esse lugar com todas as nossas forças, e enquanto o Criador de todas as coisas assim nos permitir. Não somos Demônios, Satanases, ou mesmo, Diabos... somos Exus..."

Todos gritaram de emoção com as palavras de Lonan.

Após todo o alvoroço, o grande líder levantou os braços novamente como pedido de silêncio à multidão.

– "Enganam-se os infelizes que nos cultuam como Demônios, como espíritos deformados, pretos e vermelhos.

Somos a luz das trevas...

Somos os Guardiões...

Somos os mensageiros...

Somos o equilíbrio em todas as dimensões...

Não há, na face da Terra, nenhuma encruzilhada que não esteja sob o nosso domínio e supervisão.

Somos os Guardiões de todos os portais do Universo.

Temos todas as chaves que permitem aos espíritos transitarem entre os planos espirituais e entre as dimensões espirituais.

A nós, foi confiada a segurança de todos os portais existentes entre os planos físicos e espirituais.

Não nos tratem como empregados, pois só respondemos aos Orixás e ao nosso único Deus."

Todos explodiram em gritos de alegria e comemoravam pelas palavras firmes e encorajadoras de Lonan.

O lugar parecia que fervia à emoção dos Exus.

Todos se abraçavam e sorriam ouvindo as palavras firmes de Lonan.

Eu estava admirado com tudo aquilo.

Que lugar lindo! Que encontro magnífico! Como são lindos os Guardiões.

Lonan prosseguiu com a fala...

– "Agora, voltemos aos trabalhos, reconstruam todo esse lugar e guardem e protejam com suas vidas, o portal do Inferno."

Todos, alegres e felizes, saudaram a Lonan que desceu do pequeno coreto e dirigiu-se a sua biga.

Lucas me pegou pelo braço e perguntou:

– Anotou tudo direitinho?

– Sim, Lucas, está tudo anotado.

– Então, venha, vamos ao último portal.

– Sim, mas eu posso te fazer algumas perguntas?

– Sim, claro, mas vamos sair do meio dessa multidão.

– Certo.

Rapidamente, Lucas me levou a um lugar fora do Umbral.

GUARDIÃO EXU

Estávamos nos jardins da Colônia Espiritual Amor e Caridade, eu conheço muito bem aquele lugar, mas mesmo assim, perguntei ao Lucas.

– Estamos em Amor e Caridade?

– Sim, aqui podemos conversar sem barulho e sem ninguém para nos interromper. O que é que você quer saber?

– Portal do Inferno? O que realmente é aquilo?

– Eles chamam aquele Reino de O Reino da lira. Aquele é o portal mais antigo que a humanidade conhece.

O Inferno é o lugar onde estão as grandes lideranças do mal. Esses infelizes irmãos são espíritos milenares, a maioria é chamada de mago.

São muito inteligentes e têm muito poder. Os poderes, eles conseguiram através da alquimia das energias e fluidos do próprio lugar em que vivem.

Como disse, são espíritos muito antigos e que viveram milhares de encarnações, e tudo sabem sobre os planos em que todos vocês expiam.

– Nossa! Eu já tinha ouvido falar desses espíritos quando o Caboclo Ventania me passou a técnica da Deametria.

– Sim, a Deametria é a única técnica realmente eficaz para lidar com esses espíritos.

– Por que estava acontecendo aquela batalha?

– Eles estavam tentando invadir as Cidades Espirituais.

O portal do Inferno é o que os separa das outras dimensões, assim, eles se organizam, criam armas fluídicas e, sempre que podem, tentam atravessar o portal que os mantém naquela dimensão. Tudo aqui é separado fluidicamente.

– É como um presídio?

– Sim, é como uma penitenciária fluídica, ela foi criada para manter afastados de nós, os espíritos que se destinaram a fazer o mal.

– Meu Deus!

– E é Lonan e Lúcifer – o anjo bom, quem administram o portal.

– Lúcifer é aquele lindo rapaz que estava ao lado de Lonan?

– Exatamente. Ele é o grande Guardião da lira, ou melhor, do portal do Inferno.

– Que legal, Lucas, obrigado por sua explicação.

– Estamos aqui para isso, Osmar.

– Sabe, Lucas, eu sou muito grato a tudo o que vocês permitem a mim, às vezes, eu fico até meio receoso de escrever na primeira pessoa como escrevo, sei lá, as pessoas são muito preconceituosas, elas não conhecem a minha história, e não sei o que irão pensar de mim.

– Todos os grandes nomes da literatura espírita relataram a sua vivência com os espíritos. Nós gostamos do jeito como você escreve, Osmar, pois esse seu jeitinho traz o leitor para dentro do livro, o que acaba tornando a leitura uma coisa prazerosa, é o que eu penso.

GUARDIÃO EXU

– Ainda bem que você pensa assim, Lucas.

– A maioria pensa assim, meu amigo, não se importe com essas coisas, escreva, e quem quiser acreditar, acredite, quem não quiser, vai se lembrar de tudo o que você escreveu assim que chegar aqui.

– O que me consola é exatamente isso, aqueles que não acreditam agora, um dia, com certeza, se lembrarão de mim, ou melhor, se lembrarão de nós.

– Siga em frente, escreva, eu estou fazendo a minha parte, faça a sua, e nossos leitores que façam a deles.

– Obrigado, Lucas, muito obrigado mesmo.

– Venha, vamos para o último Reino.

– Vamos...

> **"**
>
> *A vida nunca termina, mudamos de cidades*
> *para expiar e evoluir.*
>
> **"**
>
> *Osmar Barbosa*

Reino da praia

Saímos da Colônia Espiritual Amor e Caridade e, após algum tempo, chegamos a uma enorme praia. O lugar era realmente muito bonito.

Estávamos em uma ilha, e eu logo percebi isso.

Lucas e eu começamos a caminhar novamente nas areias brancas daquele lugar.

Naquele momento, eu me lembrei da psicografia do livro *A Vida Depois da Morte*, na qual eu reencontrei um grande amigo de infância em uma praia paradisíaca exatamente como aquela em que estávamos.

A água era cristalina, de um azul que eu só vi uma vez, quando fui aos Estados Unidos. Logo me lembrei da viagem que fiz com a minha família, e aquilo alegrou o meu coração. Eu percebi que o Lucas também sentiu a minha alegria.

Olhei para ele, que olhava para mim com o canto dos olhos, com um lindo ar de sorriso.

– Você está lendo os meus pensamentos, Lucas?

– Pensamentos aqui, Osmar, se transformam em palavras. Na vida espiritual, como não temos os órgãos fônicos, as conversas acontecem sempre pelo pensamento. Eu

GUARDIÃO EXU

acho que você esqueceu que está desdobrado e, sendo assim, tudo o que você sente e pensa é revelado.

A sutileza desse lugar faz com que os espíritos que entram aqui, comecem a reviver os sentimentos bons que estão guardados no íntimo de cada um, por isso, você se lembrou do seu amigo e da viagem que fez com a sua família. Tudo aqui é sutil, assim como são os bons sentimentos.

– Não tinha pensado nisso, eu achava que o que eu pensasse ficasse somente para mim.

– Você está em um plano espiritual, então, tudo aqui é espiritual. Agora, você está em outra dimensão.

– Entendo, Lucas. Que lugar é esse?

– O Reino da praia.

– Mais um Reino de Exu?

– Sim, vamos nos encontrar com Lonan, e também com quem administra esse Reino.

– Para o que serve o Reino da praia, Lucas?

– Eles vão poder te explicar melhor.

– Perdoe-me, Lucas, mas é que eu vi e escrevi que cada Reino tem as suas peculiaridades, e que todos os Reinos são muito úteis ao equilíbrio material e espiritual da Terra, isso eu já percebi.

– Tudo se liga de alguma forma dentro da criação. Todos nós fazemos parte de um grande projeto.

– Tudo?

– Tudo. Sol e chuva, calor e frio, noite e dia, escuridão e claridade, esquerda e direita, de cima e de baixo, grande e pequeno... tudo se opõe e se completa, o que o dia não clareia, a lua faz brilhar, o que o Sol resseca, a água vem refrescar, o que o homem constrói, o tempo vem derrubar, e por aí vai.

– Que lindo, Lucas, como eu aprendo com vocês.

– Somente uma coisa é eterna na criação, Osmar.

– O quê?

– O espírito. Esse é imortal, e é por isso que estamos aqui.

– Aqui, onde?

– No Reino das águas.

– E o que esse Reino tem com isso?

– É a partir desse Reino que surge toda a vida na Terra.

– Sério?

– Sim, água é vida e, sem ela, nada poderia existir. Veja, lá está o Lonan.

Lonan estava sentado à beira da praia, embaixo de um frondoso coqueiro e, ao seu lado, eu vi uma linda jovem.

Fiquei ansioso e curioso para descobrir tudo sobre o Reino da praia. Adiantei meus passos para me aproximar rapidamente de Lonan e de sua companheira.

– Venha, Lucas. – disse, me distanciando do meu parceiro.

– Olá, Lonan!

– Olá, Osmar, sente-se. – disse ele, me convidando para me sentar perto deles.

GUARDIÃO EXU

Finalmente, Lucas chegou e se sentou próximo a nós.

– Osmar, esse é o Reino da praia, e essa é a Tília.

Olhei para a jovem e, mais uma vez, me impressionei com tanta beleza.

Uma vez, eu perguntei a Nina por qual razão todos os espíritos eram tão bonitos, e ela me respondeu que, quanto mais puro e mais elevado fosse o espírito, mais sutil seria a sua forma, e que quando olhamos para um espírito sutil podemos vê-lo em essência e, toda essência e sutileza, são lindas.

Os espíritos são muito bonitos.

Jovem, loura, de olhos claros e cabelos longos, a menina parecia ser bem jovem, e sorriu para mim.

– Olá, Osmar! – disse ela.

– Oi. – disse.

– Seja bem-vindo ao Reino das águas.

– Esse é o Reino pelo qual você pode chamar de O Reino da vida, Osmar, pois tudo começa e termina aqui. – explicou Lonan.

A água é um elemento essencial à vida, sem água não há vida, e a vida é incapaz de existir sem água.

O corpo humano precisa dela até para respirar.

A água é a maior parte do plano terreno.

Tem mais água do que espíritos sob o Orbe terreno. Assim, cuidamos desse Reino com muito carinho.

214

Toda a energia planetária passa por esse Reino, e Tília é quem cuida de tudo por aqui.

A jovem menina, então, começou a falar...

– Oceanos, rios, mares, e qualquer que seja a fonte ou a forma, são administrados por espíritos ligados à criação.

A água, sendo o elemento primordial da vida, foi o primeiro da criação. Tudo e todos surgiram da água. E em todas as águas há Guardiões, como em todos os lugares da criação. Somos os responsáveis pelos caminhos espirituais, terrenos e vibracionais, e onde os espíritos expiam, seja doce ou salgada, haverá sempre um Guardião para cuidar da água.

Água é onde todos nos encontramos para renascer, não se esqueça disso... aqui é onde ficam os laboratórios espirituais, em que o espírito encarnante passa sua última fase antes de entrar na vida corpórea.

Lembre-se que o feto é gerado em um útero cheio de água, e sem a água do útero, não há vida.

Eu estava ali, sentado e ouvindo a tantas explicações daquela menina, impressionado com tamanha sabedoria.

– O espírito, quando decide ou recebe a oportunidade de entrar na vida corpórea novamente, tem que passar pelo processo da diminuição perispiritual para poder adentrar o óvulo fecundado e, assim, cumprir com todo o processo de encarnação.

– Vamos. – disse Lucas, ficando de pé.

GUARDIÃO EXU

Eu estranhei a atitude de Lucas, e perguntei.

– Vamos para onde?

– Nós queremos te mostrar uma coisa, Osmar. – disse Lonan, se colocando de pé também.

Levantei-me para segui-los, quando um veículo de transporte se aproximou de nós. Entramos nele e, realmente, eu pude ver que estávamos em um Reino muito bonito e cercado por muita água.

O veículo sobrevoou o lugar e depois nos deixou em frente a um enorme prédio, daqueles que existem em quase todas as Cidades Espirituais, mas esse tinha algo diferente, a fachada dele parecia ser toda de vidro.

Um vidro azul muito bonito.

Tília nos convidou para entrar.

Logo na entrada, eu pude ver vários espíritos, e todos estavam em um enorme salão aguardando para serem atendidos.

Entramos e nos dirigimos a um auditório, onde um rapaz explicava para uma multidão de espíritos todo o processo da reencarnação. Nos sentamos sem sermos notados, e daquele momento em diante, eu passei a anotar tudo o que era falado.

Ele dizia:

– A reencarnação, tanto quanto a desencarnação do espírito, é um choque biológico dos mais apreciáveis. Unido

OSMAR BARBOSA

à matriz geradora do santuário materno, em busca de nova forma, o perispírito sofre a influência de fortes correntes eletromagnéticas, que lhe impõem a redução automática.

Constituído à base de princípios químicos semelhantes, em suas propriedades, ao hidrogênio, a se expressarem através de moléculas significativamente distanciadas umas das outras, quando ligado ao centro genésico feminino experimenta expressiva contração, à maneira do indumento de carne sob carga elétrica de elevado poder.

Observa-se, então, a redução volumétrica do veículo sutil pela diminuição dos espaços intermoleculares. Toda matéria que não serve ao trabalho fundamental de refundição da forma é devolvida ao plano etereal, oferecendo-nos o perispírito esse aspecto de desgaste ou de maior fluidez.

O rapaz prosseguia dando uma verdadeira aula de reencarnação para todos nós que estávamos ali.

– A individualidade encarnante, com o seu corpo espiritual miniaturizado, acoplada ao centro genésico da futura mãe, gera um campo magnético, de importância fundamental, na seleção dos gametas que formarão seu futuro corpo, na fecundação e no desenvolvimento embrionário/fetal.

O psiquismo do espírito que retorna à gleba planetária, retratando sua condição evolutiva, sua identidade pessoal, seus gostos e tendências, virtudes e vícios, e sua necessidade

GUARDIÃO EXU

de progresso, se projeta no espaço onde os fenômenos reprodutivos se darão, participando ativamente da fisiologia reencarnatória.

Eu comecei a notar que já tinha visto aquele jovem em outro lugar, mas preferi não interromper o meu aprendizado com questões pessoais.

Ele, então, prosseguia com sua explicação:

– Como atua, então, o espírito? A ligação inicial da entidade reencarnante com seu corpo espiritual miniaturizado será ao óvulo materno (gameta feminino). Os ovários da mulher possuem cerca de quatrocentos mil óvulos quando da primeira menstruação.

Mensalmente, um óvulo (os ovários se alternam ciclicamente), por influência de hormônios liberados pela glândula hipófise, sofre processo de amadurecimento e é liberado pelo ovário, sendo recolhido pela tuba uterina.

Os cientistas terrenos admitem que a ovulação seja um processo aleatório, ou seja, não são conhecidos os fatores que determinam qual óvulo, em detrimento de outros, sofrerá processo de amadurecimento e liberação. Esse processo, todavia, não é aleatório e todos vocês precisam saber, ele é espiritual.

O psiquismo reencarnante, via seu campo magnético, sintoniza-se com o gameta feminino cujo conjunto de genes se identifica com as suas características pessoais, ou seja, sua identidade espiritual, onde se refletem, de forma automática, suas necessidades evolutivas.

As energias da entidade reencarnante projetadas no óvulo "selecionado" vão magnetizar essa célula, disparando o mecanismo fisiológico conhecido pela biologia reprodutiva como ovulação.

– Somos nós quem moldamos o nosso corpo? – perguntei ao Lucas.

– Sim, preste atenção.

O rapaz prosseguia:

– Processo idêntico vai ocorrer quando da "seleção" do gameta masculino. No ejaculado humano, milhões de espermatozoides disputam o privilégio de unir-se ao gameta feminino ao término da disputada corrida, através do aparelho genital feminino.

Qual espermatozoide vencerá a corrida? O mais apto, afirmam os médicos terrenos. Mas, na verdade, vencerá a corrida o espermatozoide que carrega em seus vinte e três cromossomos, os genes que sintonizam com o psiquismo reencarnante.

– Que aula! – disse baixinho para o Lucas.

– Nada está ao acaso, Osmar, e tudo é supervisionado pelos Guardiões Exus.

– Qual é o nome desse rapaz que está palestrando, Lucas?

– André. André Luiz.

GUARDIÃO EXU

– Meu Deus! Eu sabia que já tinha visto ele.

– Ouça agora o que ele vai explicar, Osmar.

– Está bem.

– Ao fim da corrida, que se dá, via de regra, no terço posterior da tuba uterina, espermatozoide (carregando 23 cromossomos) e óvulo (igualmente com seus 23 cromossomos) fundem seus núcleos, dando origem à célula ovo, com os 46 cromossomos da espécie humana.

Nesse instante, vocês, os espíritos reencarnantes concentraram suas energias na célula que acaba de se formar, ligando-se, então, de forma mais ostensiva, à dimensão material. Tudo será assistido por nós, vocês só precisam entender todo o processo.

Ao término da fecundação, com a constituição da célula ovo, inicia-se o processo de multiplicação celular, que redundará na formação do embrião e posteriormente do feto.

Segundo a ciência terrena, o desenvolvimento da célula ovo, a diferenciação das células e a migração das células para os específicos órgãos se dão a partir de uma intrincada interação de um conjunto complexo de genes, mecanismo esse, muito pouco compreendido.

O que se verifica, no entanto, é que o campo magnético gerado pelo psiquismo reencarnante participa ativamente na formação do embrião e do feto, atuando na diferenciação das células e na organização estrutural dos tecidos e órgãos do ser em desenvolvimento.

OSMAR BARBOSA

Obviamente, há genes que respondem pelo processo de formação dos órgãos fetais, mas esses genes, como todos os outros, estariam sob a influência das poderosas irradiações do psiquismo de vocês.

Na literatura espírita já há informações suficientes para que todos entendam o processo. Kardec, examinando o processo encarnatório, comenta:

Para ser mais exato, é preciso dizer que é o próprio espírito que modela o seu envoltório e o apropria as suas novas necessidades; aperfeiçoa-o e lhe desenvolve e completa o organismo, à medida que experimenta a necessidade de manifestar novas faculdades; numa palavra, talha-o de acordo com a sua inteligência. Deus lhe fornece os materiais; cabe-lhe a ele empregá-los.

Nosso querido e amado irmão, Emmanuel, na psicografia de Francisco Cândido Xavier, assegura que:

[...] as células germinais, por sementes vivas, reproduzem os nossos clichês da consciência no trabalho impalpável da formação de um corpo novo. Na câmara uterina, o reflexo dominante de nossa individualidade impressiona a chapa fetal ou o conjunto de princípios germinativos que nos forjam os alicerces do novo instrumento físico, selando-nos a destinação para as tarefas que somos chamados a executar no mundo, em certa quota de tempo.

E eu, André Luiz, vos asseguro que:

GUARDIÃO EXU

Na mente reside o comando. A consciência traça o destino, o corpo reflete a alma. Toda agregação de matéria obedece a impulsos do espírito. Nossos pensamentos fabricam as formas de que nos utilizamos na vida.

Assim, desejo a todos vocês uma excelente vida, aproveitem ao máximo a oportunidade evolutiva que vos foi apresentada, e escrevam nas páginas diárias em branco que vocês recebem agora, a mais linda história.

Sejam vencedores.

Todos se colocaram de pé para aplaudir o jovem professor, que deixou o grande salão por uma porta lateral.

– Venham. – disse Lonan, se levantando.

Seguimos com ele até um platô no alto da Colônia, donde podíamos ver todo o oceano azul a nossa frente. Nos sentamos em um banco, todos, um ao lado do outro novamente.

Lucas, Lonan, eu e a jovem Tília.

– Veja, Osmar, olhe a sua frente.

– Muito lindo esse lugar, Lonan.

– Esse é o Reino da praia. Anote aí, em seu livro, que todas as encruzilhadas da vida humana e da vida espiritual estão seguras, e que nós, os Guardiões Exus, fomos escolhidos pelo Criador para tomar conta de tudo.

Somos o bem, pois o bem e o mal não podem andar na mesma estrada, e só há uma estrada para os espíritos que desejam a perfeição...

A estrada da bondade, da caridade e do amor.

Leve as linhas desse livro a todos os lugares possíveis, explique, fale, exponha... o tempo é curto para aqueles que não querem seguir a luz.

Estamos no Universo portando a luz da sabedoria, da evolução e do amor. Aos que nos seguirem, garanto que não faltará luz ao deixarem definitivamente a vida corpórea, e todos vocês precisam de uma lamparina na vida espiritual.

Lucas, então, nos interrompeu.

– Ninguém acende uma candeia para colocá-la em um lugar onde ela fique escondida, nem debaixo de uma vasilha. Ao contrário, ela é colocada num local apropriado, para que os que entrarem na casa possam ver o seu luminar.

São os teus olhos, a luz do teu corpo; se teus olhos forem humildes, todo o teu corpo será cheio de luz. Porém, se teus olhos forem malignos, todo o teu corpo estará tomado pelas trevas. – Lindo, Lucas...

– Osmar, nós somos a luz do mundo, não se faz nada sem Exus... as ruas, os caminhos, os portais, os montes, as matas, a calunga, as encruzilhadas, os cemitérios, as almas, a lira, os cruzeiros... tudo foi a nós designado.

Somos os Guardiões Exus.

– Obrigado, Lonan, por tanto amor. Eu tenho certeza que essa mensagem vai modificar muitos corações. Sou grato por ter sido escolhido por vocês para essa tarefa.

Gratidão...

– Leve, a todos os lugares, a mensagem de Lonan, o Guardião Exu. – disse Lucas.

Naquele momento, nos abraçamos e nos despedimos.

– Espero, um dia, poder te encontrar novamente, Lonan...

– Escreva, Osmar, escreva. – disse Tília, sorrindo.

Todos rimos e ficamos ali por mais alguns minutos, observando toda a beleza da criação.

Deus seja louvado!

Laroyê Exu... Exu é Mojubá...

Fim

> *"Os Exus são os amigos inseparáveis das horas mais difíceis.*

Osmar Barbosa

> *Dedico este livro ao meu amado Exu, o senhor:*
> *Tranca Rua das Almas.*

Osmar Barbosa

Outros títulos lançados por Osmar Barbosa

Conheça outros livros psicografados por Osmar Barbosa. Procure nas melhores livrarias do ramo ou pelos sites de vendas na internet.
Acesse
www.bookespirita.com.br

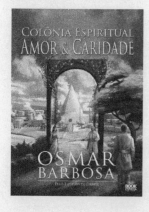

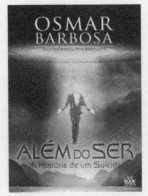

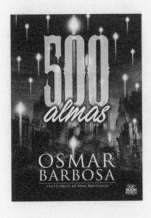

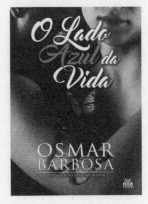

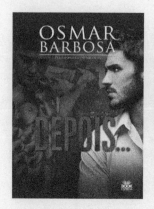  
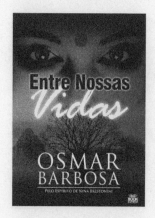 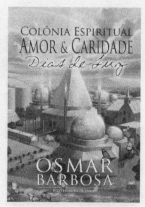 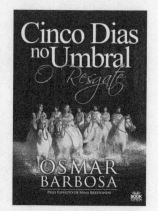
  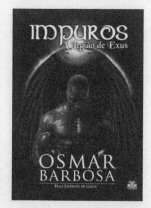

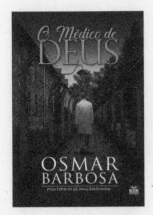

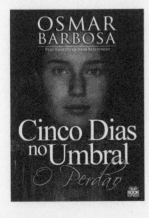

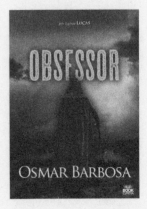

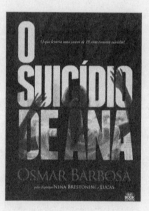

Esta obra foi composta na fonte Century751 No2 BT, corpo 13.
Rio de Janeiro, Brasil.